Franz Edlinger/Herbert Prem/Heinz Stummer

WAS IHR DEM GERINGSTEN MEINER BRÜDER GETAN...

Franz Edlinger/Herbert Prem/Heinz Stummer

WAS IHR DEM GERINGSTEN MEINER BRÜDER GETAN...

Christusbegegnungen in der Dritten Welt

HEROLD

CIP-Titelaufnahme der Deutschen Bibliothek

Edlinger, Franz:
Was Ihr dem Geringsten meiner Brüder getan... :
Christusbegegnungen in der Dritten Welt / Franz Edlinger ;
Herbert Prem ; Heinz Stummer. – Wien : Herold, 1989
ISBN 3-7008-0379-6
NE: Prem, Herbert:; Stummer, Heinz:

Umschlagentwurf: Gerri Zotter
Gesamtherstellung: Herold Druck, 1080 Wien

ISBN 3-7008-0379-6

INHALT

P. Franz Edlinger

EIN BROT, EIN LEIB, EIN VOLK

Begegnung mit der Kirche auf den Philippinen

Liebe Brüder und Schwestern!

Auf Einladung von Bischof Florian Kuntner hatte ich die Möglichkeit, in der Zeit von 26. 12. 1986 bis 11. 1. 1987 die Diözese Infanta auf den Philippinen zu besuchen. Da Bischof Kuntner kurz vor der Abreise erkrankte, begleitete mich Hubert Haschka vom Arbeitskreis Dritte Welt aus der Pfarre Neukloster/Wiener Neustadt.

Als Bischof Julio Xavier Labayen im Juni 1986 anläßlich der Festveranstaltungen „10 Jahre Wüstenbewegung" das Haus den Friedens besuchte, lud er mich ein, sobald als möglich eine Reise auf die Philippinen zu unternehmen. Er betonte immer wieder, man könne die Menschen auf den Philippinen und deren Probleme nur schwer verstehen, wenn man nicht in ihr Leben „eintaucht". „Immersion – Eintauchen", dieses Wort sprach er immer wieder aus. Als ich dann das Buch „Macht und Ohnmacht auf den Philippinen" von Paul Zulehner las, fand ich auch hier dieses Wort „Eintauchen – Immersion".

Vor vier Jahren wurde durch einen Kontakt zwischen den beiden Bischöfen Labayen und Kuntner der Grundstein für eine Partnerschaft zwischen der Prälatur Infanta und Wiener Neustadt gelegt. (Eine Prälatur ist eine kirchenrechtlich noch nicht voll errichtete Diözese; ich werde im folgenden immer von Diözese Infanta sprechen.)

Im Juli 1985 reiste eine Gruppe von 17 Personen nach Infanta, um einen weiteren Schritt in Richtung Partnerschaft zu unternehmen. Durch diese Reise entstanden wertvolle persönliche Kontakte. Bischof Labayen besuchte in der Zwischenzeit mehrmals Wiener Neustadt, einmal in Begleitung eines philippinischen Priesters, Father Francis. In zunehmendem Ausmaß spürte man aber auf beiden Seiten, daß diese Partnerschaft eine entsprechende theologische Fundierung braucht. Auf beiden Seiten bestand die Gefahr, daß die Partnerschaft sehr schnell in eine Sackgasse geriet. Wir in Österreich sind in Gefahr, Partnerschaft sofort mit „Geldspenden" gleichzusetzen. Die Filipinos wiederum sind so sehr in ihre sozialen und politischen Probleme verstrickt, daß viele sagen: „Wir haben jetzt andere Sorgen, als solche Hobbys zu entwickeln."

Daher sollte diese Reise vor allem das Ziel verfolgen, eine entsprechende Grundlage für eine Partnerschaft zu erarbeiten. Dazu war ein Vergleich der pastoralen Systeme und Methoden erforderlich; auch die Verwurzelung der Kirche in Gesellschaft, Wirtschaft, Politik und Kultur in beiden Ländern sollte verglichen werden. Bischof Labayen hatte für uns ein ungeheuer dichtes Programm vorbereitet, um uns in kürzester Zeit einen möglichst großen Einblick in die pastorale Arbeit und in das Kirchenbild seiner Diözese zu geben.

Da ich glaube, daß die Erfahrungen, die wir bei dieser Reise machen konnten, nicht nur die Christen in Wiener Neustadt interessieren, möchte ich meine Eindrücke, Gedanken und Überlegungen mit vielen Menschen auf den folgenden Seiten dieses Buches teilen.

Gewiß ist es sehr schwer, nach einem kurzen Einblick von nur zwei Wochen ein Urteil abzugeben über ein Land mit ganz unterschiedlicher Kultur, Tradition und Mentalität. Deshalb sind sicherlich alle Schlüsse, die ich aus dieser Reise gezogen habe, mit einem gewissen Vorbehalt zu betrachten. Dessen bin ich mir bewußt. Aber ich glaube, daß wir bei dieser Reise dank der großen Offenheit des Bischofs, der Priester und aller Laienverantwortlichen einen größtmöglichen Einblick in das Leben der Kirche und in die verschiedenen Probleme auf sozialer, wirtschaftlicher und politischer Ebene erhalten haben.

Jesus Christus möge uns durch seinen Heiligen Geist begreiflich machen, was er mit seiner Kirche gemeint hat. Er möge uns zur wahren Einheit, zur wahren Solidarität, zum echten Teilen und zur brüderlichen Liebe führen.

Euer Bruder Franz

Allgemeine Informationen über die Philippinen

Geographie

Die Philippinen sind ein Inselstaat von etwa 7100 Inseln mit einer Fläche von 300.000 km² (etwa 3 ½ mal so groß wie Österreich). Die nördlichen Inseln nennt man die Luzon-Gruppe; den Mittelteil bildet die Visayas-Gruppe. Im Süden liegen Mindanao und die Sulu-Inseln.

Von 54 Millionen Philippinern sind etwa 45 Millionen Katholiken; fünf Millionen gehören entweder der Philippinischen Unabhängigen Kirche oder diversen Sekten an; vier Millionen bekennen sich zum islamischen Glauben; diese leben fast ausschließlich auf Mindanao.

Infanta befindet sich ebenso wie die Haupstadt Manila auf der Hauptinsel Luzon.

Die Entfernung von der nördlichsten Insel bis zur südlichsten beträgt 1200 km.

Die Insel Luzon wird von Nord nach Süd von einem gewaltigen Gebirgsrücken, der Sierra Madre, durchzogen, der zwischen 500 und 2600 m hoch ist.

Geschichte und Politik

Zwischen 1521 und 1568 erfolgte die Eroberung der Philippinen durch die Spanier, die das Land bis 1898 als Kolonie in ihrer Gewalt hatten. In dieser Zeit gab es etwa 200 Aufstände gegen die Kolonialmacht. Als die philippinischen Freiheitskämpfer die Spanier endlich aus dem Land vertrieben hatten und am 12. Juni 1898 die Unabhängigkeit ausriefen, benützten die USA dieses Machtvakuum und rissen die Philippinen an sich. So ging der Freiheitskampf weiter. Die Unterdrückung durch die USA war weitaus brutaler als die durch die Spanier. In den 44 Jahren der US-Herrschaft gab es weit mehr Todesurteile als in den 300 Jahren spanischer Herrschaft. Von 1942-1944 wütete der amerikanisch-japanische Krieg auf philippinischem Boden. Manila wurde von den Japanern völlig zerstört (vergleichbar mit Dresden). 1944 errangen die USA nochmals die Herrschaft.

Erst 1946 erlangten die Philippinen nach fast 400jährigen, blutigen Kämpfen die Unabhängigkeit, allerdings mit erdrükkenden wirtschaftlichen Auflagen zugunsten der USA, die es bis heute fast unmöglich machen, eine eigene Wirtschaft aufzubauen. So haben die Waren der USA zollfreien Eingang ins Land, während die philippinischen Waren mit hohen Zöllen belegt sind. Große Ländereien und Konzerne blieben weiterhin im Besitz der USA. Diese bestimmen die Preise und drängen die armen Kleinproduzenten immer mehr in die Konkurrenzunfähigkeit.

Meine Darlegungen sollen nun in Form eines Reiseberichtes erfolgen, wobei ich zwischendurch zu den verschiedenen Eindrücken gleich meine Reflexionen anstellen will.

Freitag, 26. Dezember 1986

10.45 Uhr Abflug von Wien-Schwechat nach Frankfurt. Hier scheint es fast so, als wäre unsere Reise zu Ende. Das ganze kam so: Ursprünglich sollten wir zu viert fliegen. Für mich war aber kein Ticket mehr zu bekommen. So stand ich auf der Warteliste. Da aber die anderen Teilnehmer ausfielen, gab mir das Reisebüro deren Ticket. Auch Hubert hatte ein Ticket, das nicht auf seinen Namen lautete, sondern auf Bischof Kuntner, an dessen Stelle er mit mir reiste. Die thailändische Fluggesellschaft ließ uns mit diesen Tickets nicht weiterreisen. So waren wir gezwungen, neue Tickets zu kaufen.

Es war ein schrecklicher Wettlauf mit der Zeit. Wir mußten erst Geld wechseln, weil wir nur mit DM zahlen konnten. Dann schnell in die Maschine nach Bangkok.

11 Stunden Nonstopflug folgen.

Als wir über dem Persischen Golf fliegen, denke ich daran, daß unter uns ein brutaler Krieg zwischen Irak und Iran tobt. Wir haben zu diesen grausamen Geschehnissen 10.000 m Abstand und lassen uns thailändische Fischspezialitäten sowie französischen Wein servieren. Das bedrückt mich. Aber so ist es doch oftmals im Leben. Ein wenig Abstand, und schon berührt uns eine Sache nicht mehr.

Um 6.40 Uhr landen wir in Bangkok. Es erstaunt mich, daß dieses riesige Flugzeug mit fast 450 Passagieren an Bord so lange ohne Zwischenlandung fliegen kann.

In Bangkok geht das Abenteuer mit unseren Tickets weiter. Wir müssen auch für die Teilstrecke Bangkok-Manila ein neues Ticket kaufen. Am Transfer-Schalter rät man uns, das Ticket nicht am Flughafen zu kaufen; hier sei es doppelt so teuer wie bei einem Reisebüro in der Stadt. So suchen wir schnell nach einem Taxi und fahren in die Stadt Bangkok hinein. Da Samstag ist, haben nur ganz wenige Reisebüros geöffnet. Man hat uns eine Adresse genannt. Aber dieses

Büro ist noch geschlossen. Um die Wartezeit zu nützen, besuchen wir einen Tempel, wahrscheinlich hinduistisch. Dann gehen wir durch eine überfüllte Marktstraße. Endlich öffnet das Reisebüro, wir erhalten unsere Tickets und können mit dem noch immer wartenden Taxi zum Flughafen zurückkehren.

Um 10.40 Uhr fliegen wir ab nach Manila.

Ankunft Manila International Airport um 14.45 Uhr Ortszeit.

Zu Hause ist es erst 7.45 Uhr.

Beim Aussteigen aus dem Flugzeug bleibt uns gleich die Luft weg wegen der Hitze und vor allem wegen der hohen Luftfeuchtigkeit. In Schwechat sind wir bei −14° C eingestiegen. Hier in Manila hat es +29° C bei mindestens 90% Luftfeuchtigkeit.

Nach einigem Bangen kommt unser Gepäck zuallerletzt über das Transportband heraus. Sr. Lucilla und zwei junge Priester holen uns im Auftrag von Bischof Labayen vom Flughafen ab und bringen uns nach Antipolo, einer kleinen Stadt, etwa 20 km östlich von Manila. Auf der Fahrt durch Manila passieren wir jene Straße und auch Fort Aguinaldo, wo sich im Februar 1986 eine Aktion gewaltlosen Widerstandes in größten Dimensionen ereignete. Diese Ereignisse, genannt *PEOPLE POWER* (=Volks-Macht), sind in den Menschen noch in einer begeisterten Weise lebendig. Wir werden auf unserer Reise noch oft darauf stoßen und zu sprechen kommen.

Um 16 Uhr erreichen wir Antipolo.

Wir fahren durch eine kleine Stadt; für uns Europäer ein ganz fremder Anblick. Überall Menschen, vor allem Kinder, Kinder...

Je mehr wir an den Rand der kleinen Stadt kommen, um so ärmlicher werden die Behausungen; dann biegen wir in einen holprigen Weg ein, Straße kann man das gar nicht mehr nennen. Wir halten vor einem eisernen Tor. Auf ein Hupzeichen öffnet uns ein junger Mann, und wir gelangen in einen wunderschönen Garten. Die beiden Priester, die uns hierhergebracht haben, gehören einer neuen kirchlichen Gemeinschaft an. Sie nennt sich: Anointed of Mary.

Diese Gemeinschaft ist eine interessante Konstruktion. Die

eine Hälfte der Gemeinschaft betreibt aktive Seelsorge; die andere Hälfte lebt ein kontemplatives Leben. Die aktiven Mitglieder sind vor allem in der Seelsorge der „outcasts" (= Ausgestoßene, Randschichten usw.) tätig, d. h., sie gehen in Gefängnisse, in Lepraheime und Tbc-Spitäler, wo sich sonst niemand hinwagt. Aber sie haben noch ein anderes Schwerpunktprogramm: YMC = Youth Marian Crusade. Ein marianischer Kreuzzug zur geistlichen Erneuerung und Rettung der Jugend. Sie organisieren dabei Massenveranstaltungen für Schüler und Studenten.

Es wird uns eine Ruhepause von einer knappen Stunde gewährt. Dann besichtigen wir das Haus. Die Kontemplativen sind hellauf begeistert, als sie hören, daß ich dem Zisterzienserorden angehöre, und wollen vieles über die benediktinische Ordensspiritualität hören. Ich kratze all meine Englischkenntnisse zusammen, um einiges zu erklären. Doch dann werden wir schon wieder weggerufen, weil inzwischen Bischof Labayen eingetroffen ist und uns zum Abendessen erwartet. Der Speisesaal ist noch mit viel Weihnachtsschmuck dekoriert. Auch einen großen Christbaum mit viel Lametta gibt es da; natürlich ist es kein Tannenbaum, sondern eine dem Tannenbaum sehr ähnliche Aureacea. Die Mitglieder der Gemeinschaft singen uns anschließend an das Abendessen Weihnachtslieder in Philipino. Dies ist die Nationalsprache, die auf Tagalog-Dialekten basiert. Es ist eigenartig, „Stille Nacht", „Nun freut euch ihr Christen" oder „O du fröhliche" in Tagalog zu hören. Hubert und ich singen dann ebenfalls einige Weihnachtslieder, aber mit diesen 35 kräftigen jungen Stimmen können wir nicht konkurrieren.

Man stelle sich eine Ordensgemeinschaft von 35 Männern vor, wo der älteste 34 Jahre alt ist. Da steckt sehr viel Kraft, Hoffnung und Dynamik drinnen.

Um 20 Uhr brechen wir mit dem Auto des Bischofs auf Richtung Infanta. Wir sind eigentlich schon todmüde, da wir nun schon 26 Stunden größtenteils sitzend unterwegs waren. Aber nun kommt die letzte und schwierigste Etappe unserer Anreise. Von Manila nach Infanta sind es zwar nur 142 km, aber man braucht dazu mindestens sechs Stunden, denn die Straße besteht nur aus Schlaglöchern und Steinen.

Auf der Fahrt diskutieren wir mit dem Bischof sehr angeregt über Partnerschaft.

So erreichen wir um 1.30 Uhr nachts Infanta.

Der Bischof lädt uns noch zu einem kühlen Bier in das Eßzimmer. Das Bier heißt San Miguel. Purihin ang San Miguel! Das war der erste Satz, den ich in Tagalog sagen konnte. Gepriesen sei San Miguel! Wir werden in der Bibliothek des „bischöflichen Palais" einquartiert. Das Haus des Bischofs ist gut gebaut, aber es ist nicht vornehm oder gar luxuriös. In der Bibliothek wurden zwei Betten für uns aufgestellt, in die wir um zwei Uhr wie Leichen hineinfallen. Ich kann mich an diese Hitze oder vielmehr an diese Schwüle nicht gewöhnen, schwitzend liege ich auf meinem Bett und lausche dem wunderbaren Konzert einer tropischen Nacht. Tausende Grillen, Zikaden oder ähnliches Getier zirpt und piepst und erzeugt einen wunderschönen Klang.

Welch herrliches Orchester, das uns hier das Gute-Nacht-Lied spielt.

Gott sei gepriesen!

Sonntag, 28. Dezember 1986

Der Schlaf hätte länger dauern können. Aber um 6.15 Uhr weckt uns ein entsetzliches Gequieke und Gegrunze von Schweinen. Gleich hinter der Bibliothek befindet sich der Schweinestall, und um diese Zeit werden sie gerade gefüttert; so ist an ein Weiterschlafen nicht mehr zu denken. Außerdem ertönt ab sieben Uhr Musik aus allen Lautsprechern rund um die Kirche.

Um acht Uhr darf ich mit dem Bischof die Messe konzelebrieren. An allen Sonn- und Feiertagen wird diese Messe über den diözesaneigenen Rudfunksender übertragen. Tausende Menschen können wegen der großen Entfernungen nicht zur Messe kommen. So feiern sie die Messe über Radio mit. Wer kein Radiogerät besitzt, geht zum Nachbarn. Dort sitzen die Menschen beisammen, singen mit, beten mit und erleben so ein wenig Gemeinschaft mit der bischöflichen Messe. Die Liturgie ist sehr ähnlich der unseren. Die Sprache ist zwar Tagalog, aber ich fühle mich trotzdem heimisch. Auch die Lieder ähneln in der Melodie sehr unseren Liedern.

In der Predigt stellte der Bischof Hubert und mich der Gemeinde und allen Rundfunkhörern vor. Er geht auch gleich ausführlich auf das Thema „Partnerschaft" ein. Es ist das Fest der Hl. Familie. So weitet der Bischof dieses Thema aus auf die Partnerschaft. Er spricht immer wieder vom „Traum des Vaters", die **eine Familie** zu begründen, zu der alle Menschen gehören sollen. Vielleicht sollen wir durch eine solche Partnerschaft über alle räumlichen, kulturellen und soziologischen Distanzen hinweg ein prophetisches Zeichen vor der Welt setzen, damit alle Menschen sehen können, daß alle in die eine Familie des Vaters berufen sind.

Mir fällt auf, daß der Bischof sehr oft vom „Traum des Vaters" spricht. Als ich ihn darauf anspreche, sagt er mir, daß man bei den Filipinos nicht vom „Reich Gottes" reden dürfe, weil „Reich" ein zu sehr vorbelasteter Begriff sei. Das kommt mir bekannt vor. Bei uns durfte man in den 50er und 60er Jahren auch nicht von Reich oder Heil reden. Jetzt ist schon ein wenig Gras darüber gewachsen. Die Filipinos verbinden mit Reich zu sehr die Erfahrung von 400 Jahren oft sehr brutaler Kolonialherrschaft. So mußte man ein anderes theologisches Vokabel dafür finden.

Nach dem Frühstück können wir im Festsaal der pfarrlichen High-School (vergleichbar unserer Hauptschule) einem Song-Contest zuhören. Knaben und Mädchen im Alter von 10-14 Jahren singen religiöse Lieder.

Herrliche Stimmen! Unsere Sängerknaben würden vor Neid erblassen.

Anschließend holt uns der Bischof zu einer Zusammenkunft von etwa 80 Ehepaaren. Der Bischof hält eine zündende Rede über die politische Verantwortung des Christen. Die politische Lage ist derzeit sehr heikel. Als bei den Wahlen im Februar Präsidentin Aquino gewann, konnte das Volk durch seinen gewaltlosen Widerstand einen Bürgerkrieg verhindern. Ich glaube, daß dies eine einmalige Sache in der Menschheitsgeschichte darstellt, wo sich ein ganzes Volk zwischen schwerbewaffnete Armeen stellt und einen Krieg verhindert. Der Diktator wurde damit nach 20jähriger Herrschaft aus dem Land vertrieben, aber jetzt begannen erst die Probleme. Die Marcos-Anhänger agierten überall im Land. Die Kommunisten sahen ihre Chance zuzuschlagen. So war das letzte Jahr gezeichnet von vielen bewaffneten Auseinandersetzungen. Seit 10. Dezember 1986 besteht ein Waffenstillstand, der wirklich eingehalten wurde und der bis 10. Februar gültig ist. Am 2. Februar soll in einer Volksabstimmung eine neue Verfassung angenommen werden, die die Grundlage für demokratische Wahlen darstellt, die dann im Mai abgehalten werden sollen.

Die Kirche führt Informationskampagnen durch, um den Menschen die neue Verfassung zu erklären, über die am 2. Februar abgestimmt wird.

Der Bischof bringt mehrmals ein Zitat von J. F. Kennedy: „Frage nicht, was das Land für dich tun kann, sondern frage, was du für das Land tun kannst."

Anschließend folgte eine teils sehr heftige Diskussion. Man spürt, welch brennende Sorgen und Probleme diese Menschen in sich tragen. Ein Mann berichtet über illegale Preiserhöhungen auf den Lebensmittelmärkten. Die Anwesenden beschließen, ein Komitee zu gründen das bei solchen Fällen einschreiten soll. Aus jedem Barangay (=kleines Dorf) wird ein Vertreter für dieses Komitee nominiert.

Am Nachmittag will uns der Bischof ein Kernstück seiner Diözese zeigen: Das Kloster der Karmelitinnen. Der Bischof selbst gehört dem Orden der Karmeliten an. Von daher wußte er, daß fruchtbare pastorale Arbeit die Unterstützung durch das kontemplative Gebet braucht. So rief er sehr bald Karmelitinnen in seine Diözese. Die Anfahrt zum Karmel, der außerhalb der Stadt Infanta in einem Wald von Kokospalmen liegt, wird zu einem Abenteuer. Da derzeit Regenzeit ist, sind die Straßen sehr morastig. Wir bleiben mit dem Auto des Bischofs stecken, und es dauert einige Zeit, bis wir den Wagen aus dem Schlamm herausbringen.

Der Karmel trägt den bezeichnenden Namen: Traum des Vaters.

Das Kloster liegt traumhaft. Eine Oase inmitten von Kokospalmen. Alles liebevoll gepflegt. Das Kloster ist kontemplativ, aber doch offen für die Menschen und ihre Nöte. Die Menschen kommen mit ihren Sorgen hierher. Sie wissen, daß sie von den Schwestern keine materielle Hilfe oder aktiven Einsatz erwarten können, aber sie kommen, um die Schwestern um ihr Gebet zu bitten. So leben sie trotz ihres kontemplativen Lebens ganz am Puls des Lebens.

Rückkehr nach Infanta; 18 Uhr Abendessen.

Bei den Mahlzeiten werden im Gespräch mit dem Bischof die verschiedenen Erlebnisse nochmals durchgesprochen.

Um 21 Uhr fallen wir müde ins Bett. Mein Kreuz schmerzt ziemlich. Das viele Sitzen bekommt ihm gar nicht gut.

Die Spiritualität, die wir gestern in der Gemeinschaft „Anointed of Mary" und heute im Karmel erlebten, hat viel Ähnlichkeit mit jener Spiritualität, wie wir sie in unseren Aufbruchsbewegungen finden.

Montag, 29. Dezember 1986

Um 6.15 Uhr haben uns wieder pünktlich die Schweine geweckt. Wir liegen noch eine Zeitlang wach auf unseren Betten. Ich überdenke die paar Tage hier in Infanta. Vollgestopft mit Eindrücken, Begegnungen, Gesprächen, Programmen... Der Bischof möchte uns begreiflicherweise so viel wie möglich von seiner Diözese und von seinem Land zeigen. Aber ich sehne mich nach einer Zeit der Stille, um dies alles ein wenig verarbeiten zu können. Ich möchte das alles im Gebet vor den Herrn hintragen können. Aber dazu läßt uns das Programm des Bischofs und unsere körperliche Konstitution wenig Möglichkeit. Nur das Wetter zeigt sich barmherzig; seit gestern Abend regnet es in Strömen, und es weht ein starker Wind. Das macht es etwas kühler. Die Filipinos sagen, diese Stürme seien Nachzügler der Taifune, die von September bis November das Land heimsuchen. Vor mir im Bücherregal steht eine dicke Bibel in Tagalog. Ich schlage die Seligpreisungen auf:

„Mapapalad ang mga dukha sa espiritú sapagkat kanila ang kaharian ng langit." Selig die arm sind im Geiste, denn ihnen gehört das Himmelreich.

Ist es nicht so, als würden wir diese Worte in Tagalog lesen? Wir haben sie offensichtlich noch nicht verstanden. Ich gebe zu, daß auch mir hier eine ganz neue Dimension dieser Seligsprechung aufdämmert.

HEROLD ★★★★★★★ RELIGION

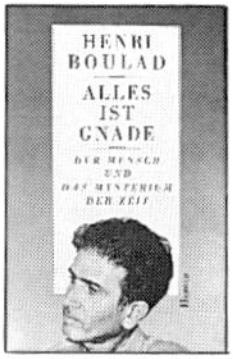

Boulad, Henri
Alles ist Gnade
Der Mensch und das Mysterium der Zeit
224 Seiten
ISBN 3-7008-0376-1
Brosch.,
öS 228,-/DM 32,80

Boulad, Henri
Ordne deine Tage in Freiheit
88 Seiten
ISBN 3-7008-0331-1
Brosch.,
öS 120,-/DM 16,80

Boulad, Henri
Die Vernunft des Herzens
2. Auflage
216 Seiten
ISBN 3-7008-0306-0
Brosch.,
öS 220,-/DM 30,50

Beta, Katharina
Die russische Seele
Vom Denken, Fühlen, Beten des russisch-orthodoxen Christen
164 Seiten mit
4 Farbabb.
ISBN 3-7008-0369-9
Engl. Brosch.,
öS 218,-/DM 30,-

Malina, Margh
Voll der Freude!
Mit Maria
den Glauben wagen
176 Seiten
ISBN 3-7008-0382-6
Brosch.,
öS 198,-/DM 29,80

Edlinger, Franz
Sakramente –
Leuchtende Zeichen einer neuen Schöpfung
2. Auflage, 160 Seiten
ISBN 3-7008-0314-1
Brosch.,
öS 140,-/DM 19,80

Edlinger, Franz
Tage der Endzeit
Hoffnung und Zuversicht
104 Seiten
ISBN 3-7008-0355-9
Brosch.,
öS 128,-/DM 17,80

Edlinger, Franz
All Ihr Kinder, lobet den Herrn!
Gestaltete Kindermessen / Eine praktische Handreichung.
96 Seiten, Brosch.,
ISBN 3-7008-0366-4
öS 140,-/DM 19,80

Edlinger, Franz
Kraft und Schmerz des Teilens
Theologie der Befreiung und ihre Praxis aus europäischer Sicht
ISBN 3-7008-0377-X
112 Seiten, Brosch.,
öS 140,-/DM 19,80

Edlinger, Franz
Was Ihr dem geringsten meiner Brüder getan…
184 Seiten
ISBN 3-7008-0379-6
Brosch.,
öS 168,-/DM 24,80

Bandion, Wolfgang J.
Steinerne Zeugen des Glaubens
716 Seiten mit
70 SW-Abbildungen
ISBN 3-7008-0375-3
Geb., öS 598,-/DM 84,-

Stadler, Alisa
Die Berge tanzten Die Psalmen
304 Seiten
ISBN 3-7008-0325-7
Geb., öS 248,-/DM 36,-

Schedl, Claus
Gott kommt in der Stille
Ausgewählte Predigten
136 Seiten, Brosch.
ISBN 3-7008-0370-2
öS 178,-/DM 25,80

Groër, Hans
Die Rufe von Loreto
208 Seiten mit
57 SW-Abbildungen
ISBN 3-85351-106-6
Leinen,
öS 248,-/DM 36,-

Krexner, Martin
Hirte an der Zeitenwende
Kardinal Friedrich Gustav Piffl
und seine Zeit
400 Seiten mit
16 SW-Abbildungen
ISBN 3-85351-107-4
Geb., öS 498,-/DM 70,-

Name

Straße

PLZ/Wohnort

☐ Bitte informieren Sie mich über Ihre Verlagsproduktion.

Ich bestelle über die Buchhandlung:

Datum: Unterschrift:

Um 9 Uhr darf ich mit dem Bischof bei einer Trauungsmesse konzelebrieren. Ich wundere mich darüber, daß hier gleich zehn Trauzeugen aufmarschieren. Ich erfahre dann im Gespräch mit Bischof Labayen, daß dies auf den starken Familiensinn der Filipinos zurückzuführen ist, so daß sie sich nicht mit bloß zwei Trauzeugen begnügen. Auch mit den Tauf- und Firmpaten ist es ähnlich. Alles ist viel stärker auf die Familie bezogen und von der Familie getragen. Man sieht nicht so sehr das „private" Individuum, sondern man versucht den Menschen immer in seiner Einbindung in die Familie zu sehen und zu verstehen.

Nur ein kleines Beispiel dafür, das aber sehr viel ausdrückt: Wenn wir Geschenke erhielten, so waren sie nie an uns persönlich adressiert, sondern immer an die Familie, der wir angehörten. Wenn z. B. irgendjemand Hubert ein Geschenk gab, so wurde es seiner Familie geschenkt. Das Geschenk, das der Bischof mir zum Abschied überreichte, war adressiert an: P. Franz und seine Gemeinschaft im Haus des Friedens. Dieses Denken in der Kategorie der Familie scheint mir sehr bedeutsam zu sein. Das haben wir durch unseren Privatismus und Individualismus zerstört.

Um 10.30 Uhr finden wir uns beim Bischof ein zu einer Lagebesprechung in puncto Partnerschaft. Wir erheben die Situation auf beiden Seiten. Was ist bis jetzt schon entstanden? Welche Schwierigkeiten sind aufgetaucht? Da die Filipinos viel mehr in der Kategorie der Familie denken, sind bei ihnen auch bessere Ansatzpunkte für eine Partnerschaft gegeben. Sie verstehen auch Kirche als Familie. Sie können sich einen „Heilsindividualismus" gar nicht vorstellen, wie er bei uns aber jahrhundertelang gepredigt wurde. Heil ereignet sich nicht privat zwischen Gott und seinem Geschöpf, sondern Heil geschieht in der Kirche und durch die Kirche, weil die Kirche das Heilswerk Jesu fortsetzt durch alle Zeiten.

Wenn wir daher von Partnerschaft bei uns zu Hause reden, verstehen wir entweder darunter nur Geldspenden, oder wir stellen überhaupt die Frage: Warum eine krampfhafte Beziehung zu Menschen, die 10.000 km entfernt wohnen, die eine andere Sprache sprechen, eine andere Mentalität haben...?

Ja, diese Frage stellen wir auch zu Recht. Denn wenn es

uns nicht einmal gelingt, eine Solidarität für unseren Nachbarn, ja nicht einmal für die eigenen Familienmitglieder aufzubringen, dann ist es absurd, von einer Solidarität mit den Filipinos zu reden. Wir kennen zwar das Bild, das uns Paulus in 1 Kor 12 vom mystischen Leib Christi zeichnet; und er sagt uns, daß alle eigentlich mitleiden müßten, wenn nur ein einziges Glied leidet. Aber wir realisieren diese Vorstellung in der kirchlichen Praxis zu wenig. So ist also eine wesentliche Vorbedingung für die Partnerschaft eine Änderung unseres Kirchenbildes. Kirche darf nicht mehr „eindimensional" verstanden werden als Geschehen zwischen Gott und Mensch, sondern Kirche muß auf der Ebene der Gemeinschaft in einer starken Solidarität, Herzlichkeit und Brüderlichkeit gelebt werden. Der Bischof spricht immer wieder von der Franziskusgemeinschaft in Pinkafeld, vom Haus des Friedens und vom Infanta-Kreis in Wiener Neustadt. Da sieht er Ansatzpunkte für die Partnerschaft. Die Pfarren sind für ihn (und natürlich auch für uns) zu anonym. Wie willst Du zu 10.000, 20.000, 40.000 Menschen in die Beziehung einer Partnerschaft treten? Wie kämpfen wir doch derzeit in unseren Pfarren mit diesem Problem der Anonymität. GEMEINSCHAFT VON GEMEINSCHAFTEN! Das scheint das Zauberwort. Wenn ich Gemeinschaft und Solidarität im kleinen einübe, gelingt sie mir auch auf der größeren Ebene, z. B. einer solchen Partnerschaft. Aber es wird uns auch im Gespräch klar, daß der Zugang zu einem solchen Verständnis nur durch eine tiefe persönliche Umkehr geschehen kann. Ich weiß, wie sehr man sich „kalte Füße" holt, wenn man bei sogenannten guten Christen von Umkehr spricht. Carlo Carretto sagt uns immer wieder: Wir sind nicht als Brüder und Schwestern geboren. Um Brüder und Schwestern im Sinne Jesu zu werden, müssen wir uns eine solche Beziehung durch eine Umkehr schenken lassen. Alles andere bleibt auf der Stufe einer rein menschlichen Gemeinschaft stehen, die aber nicht prophetisches Zeichen für das Gottesreich und für den Traum Gottes von der einen Familie ist.

Der Bischof bittet mich um eine Erklärung, wieso die Priester in Wiener Neustadt bis jetzt noch wenig Engagement für die Partnerschaft gezeigt haben. Das ist eine schwierige und heikle Frage. Zunächst einmal sind die Priester Kinder ihrer Zeit und ihrer Gesellschaft. Die Schultheologie lehrt uns einen Heilsindividualismus. Ich muß ehrlich sagen, daß ich mit der Theologie, die ich studiert habe, eine Partnerschaft nicht begründen könnte. Ein zweites Argument ist sicherlich, daß unser gesamtes Pastoralsystem viel zu sehr auf die Person des Priesters bezogen ist. Es wäre fast undenkbar, daß ein Pfarrer vier Wochen seine Pfarre alleine läßt, ohne daß mit höchsten Anstrengungen Priester aus den Nachbarpfarren das seelsorgliche Service aufrechterhalten. Was allerdings einmal geschehen wird, wenn sich diese lückenlose Versorgung nicht mehr aufrechterhalten läßt, daran wagt man jetzt gar nicht zu denken. Bis auf einige Wortgottesdienste mit Kommunionspendung (und auch das meist nur in Notfällen) funktioniert die sakramentale Versorgung noch. Aber die Engpässe werden kommen, sehr bald und sehr deutlich.

Dies wird uns zu einem grundlegenden Neustrukturieren der Pastoral führen.

Um 13 Uhr fahren wir mit dem Bischof in seinem Auto nach Real, einer Nachbarstadt von Infanta; hier befindet sich der Hafen, von wo aus wir mit einem Fährschiff zur Insel Polillo fahren. Das Schiff wirkt nicht sehr vertrauenserweckend. Viele Leute kauern bereits zusammengepfercht auf dem Mitteldeck. Lkw-Ladungen von Zement, Wellblech und dgl. werden im Laderaum verstaut. Wir klettern durch eine kleine Luke in die Kapitänskabine. Hier sitzen auch schon zehn Personen eng zusammengedrängt zwischen einer großen Zahl von Gepäckstücken. So setze ich mich mit Hubert auf dem freien Hinterdeck auf einer Kiste nieder. Nach einer Stunde Fahrt wird der Seegang wegen des starken Sturms immer höher. Da bittet uns der Kapitän, in seine Kabine hineinzukommen. Das Deck hat kein Geländer, und er fürchtet, wir könnten bei dem starken Wellengang über Bord geworfen werden. Statt der normalen Fahrzeit von zwei Stunden benötigen wir wegen des Sturmes vier Stunden. Am Hafen von Polillo stehen etwa 50 Kinder in Uniformen mit Musikinstrumenten, um uns einen „Staatsempfang“ zu bereiten. Die Kinder warteten hier schon an die zwei Stunden. Doch niemand schien ärgerlich oder ungeduldig. Father

Tony, der Pfarrer von Polillo, und Father Mario, Pfarrer von Brudeos, empfangen uns mit großer Herzlichkeit. Die Kinder und viele Erwachsene geleiten uns zur nahegelegenen Kirche. Die Menschen warten hier schon seit einer Stunde auf die hl. Messe. Niemand ist ungeduldig. Father Tony, Father Mario und ich konzelebrieren mit Bischof Labayen die Messe. Alles ist sehr fröhlich und lebendig.

Nach der Messe gibt es ein eigenes Empfangsprogramm für uns im Festsaal der Schule: Tänze und Gesänge. Hubert und ich tragen auch ein Lied vor.

Um 21 Uhr Abendessen.

Daran schließt sich eine lange Diskussion mit den beiden Priestern Tony und Mario über Partnerschaft, Mitverantwortung der Laien in der Kirche, allgemeines Priestertum usw.

Dienstag, 30. Dezember 1986

Nach dem Frühstück begeben wir uns zu einem sogenannten Encounter, das von 8 bis 12.30 Uhr und von 13.30 bis 16 Uhr dauert. Etwa 50 pfarrliche Mitarbeiter und Laienverantwortliche haben sich hier eingefunden, ebenso die beiden Priester und einige Ordensschwestern. Die Teilnehmer dieses Encounters repräsentieren verschiedene Gruppierungen, die in den Pfarren tätig sind, z. B. die Organisation der Farmer, die Gruppe der Fischer, die Katechisten; besonders beeindruckt hat mich die Gruppe JPAG (=justice and peace action group: Aktionsgruppe für Gerechtigkeit und Frieden).

In den Gesprächen wird deutlich, wie sehr die Kirche an der sozialen, ökonomischen und politischen Verantwortung für das Volk mitträgt. Der Bischof sagt: Wir können nur dann eine neue Welt gestalten, wenn wir sie als Sauerteig durchdringen und verwandeln. Die Kirche in Europa leidet daran, daß eine scharfe Trennung zwischen dem religiösen Leben und dem Alltagsleben gezogen wurde. Es wird keine Vermischung geduldet. Auf diese Weise kann die Kirche nicht mehr Gewissen für die Welt sein. Darum haben unsere Bischöfe in der Öffentlichkeit nichts zu sagen. Wenn einer einmal Stellung nimmt zu Fragen der Rüstung oder der

Kernenergie, dann wird er von den Politikern scharf zurechtgewiesen, er möge sich nicht in Angelegenheiten einmischen, die nicht seine Sache seien.

Auf diese Art und Weise ist die Kirche ihres Auftrages, Salz der Erde und Licht der Welt zu sein, beraubt worden. Die Botschaft der Bergpredigt sollte wie das Salz hineingemischt werden in die ungerechten, egoistischen und materialistischen Strukturen unserer Gesellschaft. Wie schnell würden da alle Lügen und Ungerechtigkeiten offenbar. Damit dies nicht geschehen kann, hat man die Kirche in ein Ghetto verbannt. Die Kirche darf Trost im Leid zusprechen, sie darf die Höhepunkte des Lebens religiös verbrämen, aber ansonsten soll sie sich möglichst dezent im Hintergrund halten. Ich weiß nicht genau, wann geschichtlich diese unheilvolle Entwicklung begonnen hat. Aber ich glaube, daß die Wurzeln dafür bereits in der sogenannten konstantinischen Wende 313 zu suchen sind.

Von 16 bis 18 Uhr unternehmen wir einen Rundgang durch die Stadt. Sie ist sehr sauber und freundlich. Da die Insel Polillo verkehrsmäßig nur schwer erreichbar ist, scheint hier so ein paradiesisches Reservat zu liegen. Viele negativen Erscheinungen unserer Zivilisation sind hier noch nicht zu finden. Es gibt kaum motorisierte Fahrzeuge, da der Treibstoff in Kanistern per Schiff herbeigeschafft werden muß. Das Hauptverkehrsmittel ist das Tricycle, ein Fahrrad mit Beiwagen. Es ist erstaunlich, wie viele Menschen oder welche Lasten auf einem solchen Fahrzeug transportiert werden. Ich sah auf einem Tricycle sieben Personen fahren, ein anderer transportierte 20 Kisten Cola. Man braucht allerdings viel Kraft in den Beinen, um das Vehikel dann noch vorwärts zu bringen. Es gibt auch einige motorisierte Tricycle oder Jeepneys. Auf unserem Rundgang bitten uns immer wieder Leute in ihr Haus, wir sollen den Christbaum bewundern und einen kleinen Imbiß essen. So haben wir uns essend durch einige Straßenzüge durchgekämpft. Die Gastfreundschaft kann ganz schön auf den Magen drücken, vor allem wenn sie in der Gestalt von gebackenem Reiskuchen kommt. Aber wir haben auch das inklusive philippinischem Wein (ein schnapsartiges Getränk) überstanden.

Um 18 Uhr feiern wir Eucharistie.

Anschließend zeigt Hubert Dias vom Besuch der Wiener Neustädter Gruppe in Polillo, über die Stadt Wiener Neustadt und über einige Feste in der Pfarre Neukloster.

Diese Nacht sollen wir bei Familien verbringen, um ein wenig Einblick in das häusliche Leben zu bekommen. Alberto und Ledenilla Maano sind meine Gastgeber. Alberto ist Lehrer an der Elementary School von Polillo. Ledenilla führt ein winziges Geschäft, das eigentlich nur aus zwei Regalen und einem kleinem Vordach vor dem Haus besteht. Sie haben fünf Kinder. Der Älteste will Priester werden. Es gibt keine Versorgung mit elektrischem Strom. Deshalb schließen sich manchmal einige Häuser zusammen und kaufen gemeinsam einen kleinen Generator. Von 18 bis 22 Uhr gibt es Strom, allerdings nur für eine Glühbirne. Da ich sehr müde bin, begebe ich mich bald zu Bett. Ich habe hier über meinem Bett sogar ein Moskitonetz; das ist eine Wohltat.

Mittwoch, 31. Dezember 1986

Um 7 Uhr treffen Hubert und ich wieder mit Bischof Labayen beim Pfarrhof von Polillo zusammen, um dann gemeinsam zum Hafen zu spazieren. Eine große Schar Menschen begleitet uns.

Es fasziniert mich, wie offen die Menschen für Begegnungen sind. Wir sind ja eigentlich Fremde für sie. Wir sind fremd dem Aussehen, der Sprache und der Mentalität nach. Dennoch habe ich seit dem Betreten der Insel gespürt, mit welch großer Freude und Herzlichkeit uns die Menschen aufnahmen.

Der Abschied wird noch einmal zu einem Ausdruck der Beziehungen, die zwischen uns und den Filipinos schon bestehen.

Wir nehmen diesmal ein kleineres, etwas schnelleres Fährboot; nach zweistündiger Fahrt steigen wir in einem kleinen Fischerdorf aus.

Mit Hubert sprach ich während der Fahrt über das Leben der Fischer. Sie leben sehr einfach, sie besitzen nur das Allernotwendigste; aber sie sind im Vergleich zu unseren Ländern vom Klima sehr begünstigt. Für uns gibt es nur eine

Wachstums- und Erntezeit von etwa sechs bis sieben Monaten. Die Filipinos können das ganze Jahr über anbauen und ernten. Bei Reis z. B. kann man leicht drei Ernten erzielen. Wir brauchen feste Häuser als Schutz gegen Sturm und Kälte des Winters. Den Filipinos genügt bloß ein Regendach. Wir müssen so viel verdienen, daß wir Heizmaterial und Vorräte für den Winter und warme Bekleidung kaufen können. Dies ist hier alles nicht nötig. Gerade diese günstigeren Voraussetzungen haben aber die Ausbeuter ins Land gerufen. Eine Riesenplantage auf den Philippinen wirft bei drei Ernten viel mehr Ertrag ab als in europäischen oder nordamerikanischen Ländern bei bloß einer Ernte. Eine Berechnung und Überprüfung der Ertragsfähigkeit des Landes ergab, daß die Philippinen so fruchtbar sind, daß sie die zehnfache Bevölkerung ernähren könnten. Da steigt in mir dann die Frage auf: Warum hungern dann 40 Millionen von den 54 Millionen Filipinos, wenn für 500 Millionen Nahrung da wäre? Die Antwort ist einfach: Das Land ist in den Händen von Großgrundbesitzern, die die Produkte billig ins Ausland verkaufen, weil dort mehr zu verdienen ist als bei den armen Einheimischen. Außerdem werden durch die großen Monokulturen große Schäden am ökologischen System angerichtet.

Um 10.30 Uhr erreichen wir Infanta. Auf der Fahrt vom Hafen nach Infanta sprachen wir mit dem Bischof über das Problem der Bildung bei den Fischern. Die Kinder besuchen höchstens die Elementary-School (vergleichbar unserer Volksschule). Höchstens 5 bis 10% gehen zur High-School (Hauptschule). Vielleicht wollen die Eltern gar nicht, daß ihre Kinder eine bessere Ausbildung erhalten; denn wenn sie gebildet sind, wollen sie nicht mehr als Fischer arbeiten.

Der Bischof befragt uns nach unseren Eindrücken von Polillo. Mir fällt als Unterschied zur Kirche in unseren Ländern sofort auf, daß hier auf den Philippinen die Kirche zum Großteil auf der Verantwortung der Laien aufbaut. Die beiden Pfarren Polillo und Burdeos haben 68 Katechisten, die das kirchliche Leben ganz entscheidend prägen. Wie sollten die beiden Priester ein so großes Gebiet in unserem Sinne seelsorglich betreuen? In manche Barangays (kleine Dörfer oder Siedlungen) kommen die Priester nur drei- bis viermal im Jahr. Das würde bei unserem pastoralen System zu einem Zusammenbruch des kirchlichen Lebens führen, oder es würde sich so wie hier eine stärkere Mitverantwortung der Laien herausentwickeln. Unser Kirchenbild ist noch immer sehr klerikal, d. h., die Bischöfe und Priester bestimmen das Kirchenbild. Die ständigen Diakone sind „behinderte" Priester. Und die Laien rangieren, abgesehen von den vielen Gremien, in die man sie zugelassen hat, doch ziemlich im Vorzimmer der Kirche.

Ich glaube, daß uns der immer größer werdende Priestermangel zu einem tiefgreifenden Umdenken führen wird.

Am Nachmittag treffen wir mit einigen Mitgliedern der Fischerorganisation zusammen. Babs und Ellen begleiten uns als Dolmetscher. Wir treffen die Fischer gerade bei der Arbeit. Sie ziehen gemeinsam ein großes Netz heraus. Aber es ist fast leer. Um diese Jahreszeit wehen starke Stürme; da kann man nur in Ufernähe fischen. Deshalb fallen die Fangquoten oft recht dürftig aus.

Die Fischer führen uns in ihre „Markthalle", eine größere Bambushütte mit einem Dach aus Palmblättern, die gleichzeitig auch als Versammlungsraum für ihre Zusammenkünfte dient.

Die Fischer erzählen uns über ihre wirtschaftliche Situation. Die frühere Regierung unter Marcos hat die Gebühren für eine Fischerei-Lizenz so stark angehoben, daß es für einzelne Familien unmöglich war, diese Summen aufzubringen. So kam es zur Gründung der „Organization of fishermen". 700 Familien mit 1000 Netzen gehören dieser Organisation an. Die Lizenzgebühr wird unter anderem nach der Anzahl der Netze berechnet. Für das Jahr 1986 sollten sie 140.000 Pesos an Lizenzgebühren zahlen (ca. 130.0000 öS), aber die Fischer wollen nur 100.000 Pesos bezahlen, weil sie den Preis unverschämt hoch finden. Hier macht sich bereits die Stärke einer so großen Organisation bemerkbar. Ein einzelner Fischer hätte überhaupt keine Chance, einen Streit mit den Behörden durchzustehen. Man hat argumentiert, daß die großen Fischfangflotten die Preise so drückten, daß die Organisation nicht imstande sei, die 140.000 Pesos zu bezahlen. Auch die Vermarktung der Fische ist in der Organisation leichter als für einen einzelnen Fischer. Die

Fischer hoffen, daß durch die neue Konstitution und durch die Reformen der Regierung unter Präsidentin Aquino auch ihre Konkurrenzfähigkeit gegenüber den großen Fangflotten besser wird. Sie klagen über viele illegale Fangflotten, vor allem aus Japan, die die Schutzzonen (20 Meilen vor der Küste) nie einhalten. Diese Schwarzfischer fischen in großem Stil mit modernster Technik, außerdem fischen sie auch mit Sprengsätzen (dynamit-fishing); dabei wird auch die Fischbrut zerstört, und die Bestände reduzieren sich immer mehr. Es gäbe zwar Küstenwachen, die gegen Schwarzfischer und Dynamitfischer mit hohen Strafen vorgehen sollten, aber die Japaner bestechen die Küstenwache, so daß sie ungehindert ihre Raubzüge durchführen können. So wird es für die kleinen Fischer immer schwieriger, ihren Lebensunterhalt zu bestreiten. Diese Fischer lebten in natürlicher Weise in einer ausgewogenen Harmonie mit der Natur. Sie wußten, daß die Fische ihr Überleben bedeuteten. Wenn sie ein Netz herauszogen, so warfen sie immer die kleinen Fische wieder ins Meer zurück, damit sie weiterleben konnten. Die großen Fangflotten fischen alles heraus, ob groß oder klein.

Mich bedrückt die Ohnmacht, mit der die Fischer all diesen Ungerechtigkeiten gegenüberstehen. Und immer wieder sind es Ausländer (Japaner, Amerikaner, Europäer), die hier in brutaler Weise Ausbeutung praktizieren. In wie vielen Diskussionen habe ich das Argument gehört: „Die Leute der Dritten Welt mögen doch ihre Probleme selbst lösen. Wir mußten uns unseren Lebensstandard ja auch selbst schaffen!"

Die Leute hier würden ihre Probleme sehr gerne selbst lösen, wenn man ihnen nur einmal die Gelegenheit dazu gäbe. Doch seit Jahrhunderten mischen sich Kolonial- und Imperialmächte in das Schicksal dieser Länder ein, betreiben eine grausame Ausbeutung und schaffen ungerechte Systeme. Dann kann man leicht sagen: Die sollen ihre Probleme selber lösen. Ich würde all jenen, die so denken oder reden, raten, sie mögen doch eine Zeit hier bei diesen Fischern verbringen.

Es fällt mir überhaupt auf Schritt und Tritt auf: Wo es Probleme, Ungerechtigkeiten und Unmenschlichkeiten gibt, ist alles „made in USA, made in EUROPE oder made in JAPAN".

Den Wiederaufbau unseres Landes nach dem Krieg haben

wir wohl selber durchgeführt, und den Wohlstand haben wir uns selber geschaffen; aber es hat uns niemand dreingeredet oder zuwidergehandelt, im Gegenteil, wir erhielten sogar noch Hilfestellungen. Wo wären wir etwa, wenn die Besatzungsmächte nach dem Krieg nur abgezogen wären unter der Bedingung, daß 80% des fruchtbaren Ackerlandes, 80% aller Bodenschätze und 90% aller Industrieanlagen im Eigentum der Besatzungsmächte verbleiben? Wir wären eine Nation von Bettlern. Genauso ist aber die Situation hier auf den Philippinen.

Anschließend an das Treffen gehen wir in die Hütte einer Fischerfamilie, wo Hubert und ich für alle Anwesenden eine Suppe kochen. Ich hatte allerdings einige Schwierigkeiten, über dem offenen Feuer zu kochen. Die Suppe ging plötzlich über und löschte das Feuer aus. Unter dem Gelächter der Leute mußte ich es wieder neu entfachen.

Dann lädt uns der „Chef" der Fischerorganisation in sein Haus zum Abendessen. Obwohl er sicher zu den Armen zählt und seine Hütte äußerst einfach ist, war ich erstaunt, wie liebevoll gepflegt die Hütte und ihre Umgebung wirkten.

In der Lichtung eines Kokospalmenwaldes steht diese Hütte. Der Weg hin ist eingesäumt von kleinen Sträuchern und Steinen wie in einem Park. Rund um das Haus sind Blumen gepflanzt. Alles ist sauber und gepflegt. Die Familie hat wirklich nur das Allernötigste. Aber man sieht hier, daß Armut durchaus schön sein kann. Es ist mir eigentlich allgemein aufgefallen, daß die Leute und vor allem die Kinder in den ärmsten Behausungen immer auffällig sauber waren. Ja ihre Kleidung strahlte oft so leuchtend weiß, daß ich mich oft fragte, wie ein solcher Gegensatz möglich sei.

Mit einem Tricycle fahren Alberto Ungriano (so hieß der Fischer), seine Frau, Hubert und ich zum Haus des Bischofs.

Ich dachte noch viel nach über Armut und Elend, Reichtum und Wohlstand. Ich bin hier schon vielen armen Menschen begegnet. Aber ich weiß nicht, ob man ihren Zustand als Elend bezeichnen kann. Und vor allem habe ich auch entdeckt, daß sich diese Menschen in all ihrer Armut viele Werte bewahrt haben, die uns längst verloren gegangen sind. Da es keine soziale Versicherung gibt, muß die Familie diese Sicherheit gewährleisten. Wenn sich jemand z. B. ein teures Medikament kaufen muß, so gibt es natürlich keine Krankenkasse, die diese Kosten tragen würde, sondern der Betreffende bettelt bei seinen Verwandten das Geld zusammen. Wenn er kann, zahlt er es wieder zurück. Aber manche müßten dafür ihr ganzes Leben arbeiten. Denn sie verdienen gerade so viel, um sich und die Familie zu ernähren. Wo soll da noch etwas übrigbleiben für die Rückzahlung?

Heute mittag kam ein geistig behinderter Bub in das Speisezimmer des Bischofs. Man gab ihm zu essen. Der Bischof erzählte uns, der Bub sei vor Jahren eines Tages mit einem Bus aus Manila angekommen. Niemand weiß, ob die Eltern in absichtlich „verschickt" haben, oder ob er irrtümlich eingestiegen ist. Er selber weiß nicht, woher er stammt. Seitdem lebt er in Infanta. Er kann jederzeit in die Häuser und Hütten gehen; die Leute geben ihm Nahrung und Bekleidung.

Um 23.45 Uhr beginnt die Mitternachtsmesse für das neue Jahr. Beim Gloria läuten alle Glocken das neue Jahr ein.

Vor der Kirche gibt es eine entsetzliche Knallerei. Das Schießen mit solchen Knallkörpern scheint international zu sein. Rauchschwaden ziehen in die Kirche hinein.

Anschließend an die Eucharistiefeier gibt es eine Agape beim Bischof.

Um 2 Uhr gehen wir schlafen. Aber ich kann lange nicht einschlafen. Es sind zu viele Eindrücke, die tagsüber auf mich eingestürmt sind und die mir jetzt im Kopf kreisen.

Herr, erbarme dich unser.
Zeige uns einen Weg,
wie wir zum rechten Teilen kommen können.
Zeige uns,
wie wir in dieser Welt leben
und unseren Auftrag erfüllen können

Donnerstag, 1. Jänner 1987

Um 8 Uhr erheben wir uns noch ziemlich müde von den Betten. Es hat fast die ganze Nacht hindurch stark geregnet. Die Luftfeuchtigkeit ist unerträglich wie in einem Inhalator.

Man kann fast nicht atmen. Die Kleider sind feucht. Als ich meine Brille aufsetzen will, beschlägt sie mit einer dicken Dunstschicht.

Nach dem Frühstück brechen wir zusammen mit dem Bischof auf Richtung General Nakar; dies ist die nördliche Nachbarpfarre von Infanta. Wir fahren zunächst mit einem Tricycle etwa 3 km bis zu einem Fluß. Hier warten wir, bis uns ein kleines Fährboot hinüberbringt. Das Boot ist mit 14 Personen stark überladen. Ich sitze am Bootsrand, das Hinterteil im Wasser. Aber aufstehen darf ich nicht, weil sonst das Boot kippen würde. Der Fährmann stößt das Boot mit einer langen Bambusstange vorwärts. Am anderen Ufer warten bereits viele Tricycle, um die Leute aus dem Boot aufzunehmen und weiterzubefördern. Die Straße ist durch den nächtlichen Regen total aufgeweicht. So brauchen wir ziemlich lange, bis wir endlich die Kirche von General Nakar erreichen. Die Leute warten schon eine Stunde auf den Beginn der Eucharistiefeier. Aber niemand ist ungeduldig oder ungehalten. Alle begrüßen uns mit großer Herzlichkeit und Freude. Die Kirche ist ein Betonrohbau. Erst zwei Drittel der Kirche bedeckt ein Dach. Hinten gibt es nur Außenmauern, aber noch kein Dach. Da es alle Viertelstunden regnet, stehen dort nur Leute mit Schirm. Die Schwüle ist unerträglich in der Kirche. Ich bekomme ein Meßgewand, unter dem es noch heißer ist. Im Altarraum weht kein Lüftchen. Ich bin am Verschmachten. Ein Filipino, der ziemlich vorne sitzt, bemerkt meinen Zustand und schleppt einen kleinen Ventilator herbei. Welche Wohltat! Herr, sei gepriesen für Bruder Wind (auch wenn er aus dem Ventilator kommt!), der mich wieder zu neuem Leben erweckt.

Die Gabenbereitung dauert sehr lange. Die verschiedenen Stände und Gruppierungen der Pfarre bringen symbolische Gaben, die mit viel Liebe bereitet sind. Die Fischer bringen ein Netz. Die Bauern bringen einen flachen Korb, in dem Reispflanzen wachsen; die Dumagats (Eingeborene, die in den Bergen leben) bringen Pfeil und Bogen; die Katechisten bringen eine Lampe und eine Bibel. Der Bischof nimmt die Gaben entgegen; Father Osee (der Pfarrer von General Nakar) und ich bauen diese Gaben vor dem Altar auf. Hier hat die Händewaschung (= Lavabo) noch ihren Sinn behalten.

Es ist schon eine langjährige Tradition, daß der Bischof am Neujahrstag hier Eucharistie feiert. Nach der Messe bin ich schweißgebadet. Zu meinem Trost schwitzen die Filipinos auch. Der Bischof sieht ebenfalls aus, als käme er gerade aus der Dusche. Gleich hinter der Kirche haben Ordensschwestern ihr Haus. Die Schwestern geben dem Bischof und mir ein trockenes T-Shirt. Auf meinem T-Shirt steht: „freedom for the world“ (Freiheit für die Welt). Ja, wir Christen hätten der Welt wirklich eine neue Freiheit zu bringen.

Nachdem der Bischof und ich „trockengelegt“ sind, begeben wir uns wieder in die Kirche, wo es ein allgemeines Mittagessen für alle Gottesdienstteilnehmer gibt. Aus dem Bananenpalmstengel werden „Wegwerfteller“ fabriziert, auf denen Reis, Fleisch, Gemüse und Sauce serviert werden. Wir „überentwickelte“ Menschen sind den Filipinos beim Essen mit den Fingern eindeutig unterlegen.

Anschließend an dieses Mittagessen, das gleich in der Kirche eingenommen wird, findet ein Encounter statt, ein Treffen aller Mitarbeiter und Gruppierungen der Pfarre.

Es wird berichtet über die verschiedenen Aktivitäten. Die Berichte hören sich recht gut an, aber sie stellen manchmal mehr einen Wunschtraum als die Realität dar. Freilich dürfen wir hier nicht unsere europäischen Maßstäbe anlegen. Mich überrascht immer wieder, wie sich hier ziemlich einfache und ungebildete Leute mit großer Eigenverantwortung engagieren.

Die Dumagats geben eine eindrucksvolle Pantomimen-Show von ihrer Leidensgeschichte. Sie stellen dar, wie sie aus ihren Stammesgebieten immer wieder durch egoistisches Interesse der Großgrundbesitzer vertrieben wurden. So zogen sie sich in die Berge zurück, wo sie mit unendlicher Mühe die Reisterrassen legten. Nun sollen sie auch von dort vertrieben werden, weil dieses Tal für einen Kraftwerksbau beschlagnahmt wird.

Am Ende des Encounters spricht der Bischof über das Thema Partnerschaft zwischen Infanta und Wiener Neustadt. Hubert und ich geben ein kurzes Statement. Am Schluß sage ich meinen ersten selstkonstruierten Satz in Tagalog: „Ang kapayapaan ni Christo sa amin!“ (Der Friede Christi sei mit uns allen!)

Um 18 Uhr brechen wir mit einem Tricycle auf Richtung Fluß. Wir fahren zu neunt auf diesem Gefährt. Es ist schon stockdunkel. Hier in Äquatornähe gibt es keine Dämmerung. In 10 bis 15 Minuten ist es ganz finster. Die Flußüberquerung ist sehr abenteuerlich. Am Ufer steckt in einer Flasche eine Fackel. Dieses Licht ist der Punkt, den der Fährmann mit seinem Boot im Finstern anvisiert. Da es am anderen Ufer kein Tricycle mehr gibt, gehen wir zu Fuß Richtung Infanta. Dabei sehen wir etwas ganz Wunderschönes. Zwei Bäume, die ein bestimmtes Aroma verströmen, haben Tausende von Glühwürmchen angelockt, die nun diese Bäume umschwirren. Es war wunderbar anzusehen – wie zwei riesige Christbäume. Schließlich kommt doch noch ein Tricycle und nimmt uns mit. Aber weil wir zu schwer waren (wiederum neun Personen), platzte ein Reifen. So mußten wir doch zu Fuß nach Hause gehen.

Freitag, 2. Jänner 1987

7 Uhr Aufstehen, Frühstück; 9 Uhr Rundgang durch die Stadt Infanta. Wir machen einen Kurzbesuch bei einer relativ gutsituierten Familie. Beide sind Lehrer. Reiche Bewirtung.

Mit einem Tricycle fahren wir dann zur Musterfarm hinaus, um Bruder John (Jan) zu besuchen. John gehört zu den Mill Hill Missionaries. Seit sechs Jahren lebt er in Infanta. Vorher war er in Malaysia tätig und hat auch dort eine Musterfarm aufgebaut. Ziel dieser Musterfarm ist es, bei Schonung der ökologischen Gegebenheiten mit einfachsten Mitteln eine bessere Qualität der landwirtschaftlichen Produkte zu erzeugen. John bemüht sich vor allem um eine Schulung der Farmer. Er sagt, daß es besonders wichtig sei, den Bauern eine Verbindung von traditioneller Landwirtschaft und moderner Agrartechnik zu zeigen. Die Bauern haben keine finanziellen Mittel. Daher muß man sehr erfinderisch sein, wie man ohne künstliche Energie und ohne Technik auskommt.

Die Philippinen sind der größte Kokusnußproduzent der ganzen Welt. Aber im Durchschnitt bringt jede Kokospalme nur 38 Nüsse, während 80 bis 100 möglich wären. Aber hier hat man keine Ahnung von Düngung. Es wird nur geerntet und geerntet. Der Boden wird immer mehr ausgelaugt, und die Bäume tragen von Jahr zu Jahr weniger oder werden immer anfälliger für Krankheiten und Schädlinge. Chemischer Dünger ist für die kleinen Bauern unerschwinglich. Bruder John suchte nach einem natürlichen Dünger. Er entwickelte einen Kompost aus Reisspreu. Reisspreu fällt beim Schälen von Reis tonnenweise an und wird einfach als nutzloses Zeug weggeworfen. Bruder John ließ diese Spreu verrotten und verwendete sie als Dünger mit hervorragendem Erfolg. Er züchtete Paradeiser und Bohnen auf Kompostbeeten und düngt Kokospalmen, Kakaopflanzen und Kaffeestauden mit diesem Dünger.

Auch ein Rinderprojekt hat er begonnen. Aber die einheimischen Rinder sind schwach und degeneriert. Wir erörtern mit Bruder John die Möglichkeit einer Einkreuzung von österreichischen Zuchtrindern. Er ist für dieses Projekt sehr aufgeschlossen. Wenn es gelänge, eine gute Rinderrasse sowohl für Fleisch- wie auch für Milchproduktion zu entwickeln, könnte dies das Gesundheitsprogramm wesentlich unterstützen. Die Filipinos leiden unter vielerlei Mangelkrankheiten. Den Kleinkindern fehlen nach dem Entwöhnen von der Muttermilch Eiweißstoffe. Hier könnte man mit Milchprodukten ein wenig abhelfen. Aber derzeit gibt es kaum Milchkühe. Selbst in den Kaffee gibt man anstatt Milch ein aus pflanzlichen Stoffen hergestelltes Ersatzmittel.

Auf der Farm werden Reis, Kaffee, Kakao, Kokospalmen und Gemüse angebaut. Weiters gibt es noch Rinder, Karabaos (Wasserbüffel für die Arbeit auf den Reisfeldern), Enten und Hühner. Der Eierverkauf ist eine gute Einnahmequelle für die Farm. Bruder John hat einen Brutofen konstruiert, der mit Sonnenenergie betrieben wird.

Bruder John ist ein anerkannter Agrarspezialist, so daß sogar die Landwirtschaftsuniversität von Manila immer wieder Studentengruppen zu Bruder John bringt, damit er sie unterrichte. Was mich an Bruder John fasziniert, ist die Tatsache, daß er den Menschen keine hochgezüchtete Agrartechnologie bringt, sondern daß er versucht, mit einfachsten Mitteln zu einer Verbesserung der Landwirtschaft zu gelangen. Er beobachtet die Natur, um mit ihr und nicht gegen sie zu arbeiten. So hat er z. B. entdeckt, daß es günstiger ist, die Kokospalmen nicht zu eng zu pflanzen; denn dann kann mehr Luft zwischen den Bäumen durchstreichen und die Bäume sind weniger gefährdet durch Schädlinge.

Nach dem Rundgang durch die Farm bringt uns Bruder John mit seinem klapprigen Auto zum Haus des Bischofs zurück.

Am Nachmittag besucht uns Babs. Sie erklärt sich bereit, mit uns zu einer Gruppe von Farmern hinauszufahren, um uns als Dolmetscher zu dienen. In der Hütte eines Bauern treffen wir mit etwa zehn Personen zusammen, die im Bereich der Landwirtschaft tätig sind. Sie schildern uns ihre Probleme. Was uns die Leute erzählen, klingt sehr deprimierend. Die Kinder (im Durchschnitt hat jede Familie sechs Kinder) besuchen bestenfalls die Elementarschule. Für die High-School (12. bis 16. Lebensjahr) ist kein Geld mehr vorhanden. Außerdem werden die Kinder bereits als Arbeitskräfte benötigt. Nur 10% der Kinder besuchen die High-School.

Ich denke sehr viel nach über den Unterschied zwischen Armut und Elend. Armut ist nicht ein sozialer Zustand oder ein Status, sondern ich verstehe Armut als die Haltung des Geschöpfs seinem Schöpfer gegenüber. Alle Geschöpfe sind von Natur aus arm. Sie werden aber vom Schöpfer reich beschenkt. Eine Pflanze ist von sich aus arm. Sie muß warten auf das Licht der Sonne, auf den Regen... Nur wenn sie mit all dem beschenkt wird, kann sie leben. Nur der Mensch meinte, daß er reich sei, daß er unabhängig sei. Das ist doch heute die große Botschaft von der Freiheit: Wir sind nicht mehr angewiesen auf die Gnadengeschenke des Schöpfers. Wir machen uns das alles selber. Das ist Mißtrauen gegen Gott. Denn der gütige Vater wird uns allzeit das geben, was wir zum Leben brauchen. Und er wird uns so viel geben, daß wir teilen können. Armut ist also eine Haltung des Vertrauens Gott gegenüber und auch den Menschen gegenüber. Wem ich mißtraue, von dem möchte ich nicht abhängig sein, von dem möchte ich mir nichts schenken lassen. Wer die Armut wählt, der riskiert es, abhängig und angewiesen zu sein. Damit ist die Armut auch eine Voraussetzung für ein echtes Vertrauen zwischen den Menschen. Ich befragte einmal eine Frau, warum sie arbeiten geht, obwohl doch ihr Mann sehr gut verdient. Sie gab mir zur Antwort: Ich möchte mir selber etwas verdienen, weil ich damit unabhängig bin. Wenn ich mir einmal etwas kaufen will, dann muß ich nicht zu meinem Mann betteln gehen. Denn das ist sehr demütigend!

Ich sah diese Äußerung eigentlich als Alarmzeichen für ihre Beziehung. Abhängigkeit empfindet man nur dann als demütigend, wenn das Vertrauen fehlt.

Solange wir einander sagen: „Ich bitte dich zwar um dies oder jenes, aber du sollst gleich wissen, daß ich nicht auf deine Gunst angewiesen bin, denn ich kann mir das auch selber beschaffen", solange sind wir noch nicht arm voreinander, und deshalb mangelt es uns auch am echten Vertrauen.

Elend ist ganz etwas anderes. Elend ist die Frucht der Sünde. Wo Menschen im Egoismus leben (und der kann oft sehr getarnt und verschleiert vorhanden sein), da ist der Nährboden für das Elend. Wenn wir bereit sind, ARM zu werden, wird das Elend gemildert oder beseitigt. Würden sich die Christen der reichen Industriestaaten mit 10% selbst besteuern und diesen Betrag zur Beseitigung des Elends verwenden, kämen dabei gigantische Summen zustande. Aber wir müssen klein anfangen. Wir müssen bei uns selber anfangen. Es ist nicht sinnlos, wenn einer zu teilen beginnt. Es fällt mir hier die Strophe eines rhythmischen Liedes ein:

Einer, der sein Brot austeilt,
dem, der Hunger hat,
der ist wie ein Tropfen auf dem heißen Stein,
er kann der Anfang eines Regens sein,
er kann der Anfang neuen Lebens sein.

Ja, der fruchtbringende, belebende Regen fängt auch mit einem Tropfen an.

Herr,
gib uns den Mut,
ein solcher Tropfen zu sein,
der mit anderen zusammen
neues Leben und neues Wachstum bewirkt.

Auch die Geduld der Filipinos ist einer weiteren Betrachtung wert. So gibt es kaum exakte Zeitangaben. Man sagt z. B. 9 Uhr, und das gilt solange, bis es 10 Uhr ist. Daher beginnen die meisten Veranstaltungen nach unseren schrecklich exakten Zeitmessungen alle sehr unpünktlich. Bischof Labayen sagte einmal lächelnd: „We start our meeting around 8 sharp." (Wir beginnen mit unserem Treffen rund um punkt 8.) Die Asiaten können warten. Wir hingegen wollen alles sofort haben, alles sofort erledigen. Darum stehen die Asiaten dem Leid auch ganz anders gegenüber. Sie glauben an Lösungen und Veränderungen. Aber sie wissen, daß dies Zeit benötigt. Wir hingegen wollen die Lösung sofort. Da in unserem materialistischen System Zeit mit Geld gleichgesetzt wird, sind wir nicht nur geldgierig, sondern auch zeitgierig. In den meisten Fällen lassen sich Lösungen aber nicht sofort herbeiführen, dann resignieren wir. Vielleicht verstehen die Asiaten deshalb auch den Plan Gottes viel besser. Gott hatte die Geduld, von der ersten Sünde des Menschen an viele 100.000 Jahre zu warten, bis die Zeit erfüllt war, bis die Zeit reif war und er seinen Sohn zur Rettung der Menschen in die Welt senden konnte. Und Gott hatte auch die Geduld, 2000 Jahre der Kirchengeschichte zu warten, bis die Menschen die Botschaft von der Armut begreifen würden.

Wenn wir in unseren Pfarren und Diözesen eine Situation verändern wollen, dann beten wir vielleicht, aber nicht allzulange. Wir werden sehr schnell ungeduldig und beginnen eigenmächtig zu agieren. So nehmen wir dem Geist Gottes die Chance zu wirken. Die Asiaten sind keineswegs apathisch oder lethargisch. Sie stehen dem Leid auch nicht passiv oder schicksalsergeben gegenüber. Im Gegenteil: Sie organisieren sich in Gruppen, z. B. JPAG (justice and peace action group) oder die Organisationen der Fischer und der Farmer. Aber all dies ist von einer anderen Grundhaltung geprägt. Vielleicht sagt uns Carlo Carretto deshalb immer wieder, daß die kontemplativen Menschen die Rettung für unsere Gesellschaft sein werden, denn die rechte Kontemplation führt den Menschen in die Tiefe, führt zu einer gesunden und notwendigen Distanz vom Leben und läßt deshalb die größeren Zusammenhänge erkennen. Ich glaube auch, daß die asiatische Mentalität den Auftrag Jesu und seine Sendung besser verstehen läßt. Wenn z. B. das Mehl mit dem Sauerteig vermischt wird, muß man den Teig eine Zeitlang stehen lassen. Das ist keine vertane Zeit. In dieser Zeit vollzieht sich die Durchsäuerung, die Fermentierung. Dieser Prozeß kann nicht ausgelassen oder abgekürzt werden. Das gilt auch für die Christen als Sauerteig für die Welt.

Mich fasziniert das konkrete Engagement der Filipinos zur Veränderung ihrer Gesellschaft. In unserem Land wird eine saubere Trennung zwischen religiösem und weltlichem Leben gezogen. Deshalb kann die Kirche auch kaum Sauerteig für die Welt sein. Die Kirche muß in einem revolutionären Prozeß mitten hineinsteigen in die Welt. Allerdings, wenn dies ohne Kontemplation geschieht, dann ist man bald nicht nur **in der Welt,** sondern auch **von der Welt.** So geschah es mit vielen Arbeiterpriestern, die in Kürze zu Marxisten wurden. Das ist unsere Gefahr, wenn wir uns als Christen in die Welt begeben, ohne kontemplativ zu sein. Wir wollen dann die Zustände sofort verändern und verlieren uns in der Welt. Wir werden dann zu bloßen Sozialreformern, zu politischen Revoluzzern, oder wir greifen wie Camillo Torres und viele andere zu den Waffen, weil wir die Ohnmacht spüren, sie aber mangels Kontemplation nicht annehmen können. Nur wer sich durch die Kontemplation den Blick bewahrt hin auf Gott, der in unserer Geschichte sein Heil wirkt, der gerät weder in Panik noch in Resignation. Und gerade diese Haltung wird zum Zeugnis vor der Welt. (vgl. Jo 15, 18f.)

Nur ein ganz geringer Teil des Landes, das die Filipinos bearbeiten, ist ihr Eigentum. Aus einer finanziellen Notlage heraus mußten die meisten ihr Land ganz oder teilweise an Großgrundbesitzer verkaufen. Nun arbeiten sie als Pächter auf ihrem ehemaligen Eigentum. 50% der Ernte müssen als Pacht an den Grundherrn abgeliefert werden. Dieser muß sich allerdings auch an den Ausgaben für Dünger und Spritzmittel beteiligen. In unserem Gespräch mit den Farmern berührten wir auch das Thema „Familienplanung und Geburtenregelung“. Eine Frau erzählte uns, daß eine Geburtenregelung in den meisten Fällen durch Sterilisation der Frau erfolgte. Bei unserem Besuch im Spital von Infanta sahen wir auch ein Werbeplakat für Familienplanung durch Sterilisation.

Die Situation der Farmer hat uns nachdenklich gestimmt. Man weiß gar nicht, wie man hier ansetzen soll, um eine Verbesserung herbeizuführen.

Wir gehen zu Fuß nach Hause. Riesige Lkw's donnern an uns vorbei, beladen mit Reis, Holz oder verkohlten Kokosnußschalen. Die Schalen der Kokosnüsse werden in Kohlenmeilern zu einem der Holzkohle ähnlichem Brennmaterial verarbeitet. Das ist eine sehr gute Weiterverwertung. Denn Brennholz ist selten und teuer; Kokosnußschalen fallen aber als Abfallprodukt tonnenweise an.

Wir besuchen noch kurz das Spital, um die aus Österreich mitgebrachten Medikamente dort abzuliefern. Ein junger Arzt nimmt sie freudig entgegen. Es herrscht ein großer Mangel an Medikamenten. Der Arzt sagt uns, daß vor allem in vier Bereichen ein großer Bedarf an Medikamenten wäre: Respiration (für Atemwegserkrankungen), Medikamente für den Magen-Darm-Trakt, gegen Grippe und gegen Malaria. Dem Arzt ist es sehr peinlich, uns das Spital zu zeigen. Er betont immer wieder, dies sei eben ein Spital eines unterentwickelten Landes. Es gibt sieben Patientenzimmer für je vier Patienten. Insgesamt sahen wir etwa 15 bis 20 Patienten. Der eine Operationssaal ist derzeit eine Baustelle und wird umgebaut. Es herrscht hier ein großer Mangel an Ärzten. In Polillo beispielsweise gibt es auch ein Spital mit einem einzigen Arzt. Hier in Infanta gibt es zwei Ärzte.

Die Stadt Real mit 25.000 Einwohnern ist ohne Arzt. Wir suchten nach den Gründen für diesen Ärztemangel.

Zunächst einmal ist das Studium sehr teuer, und nur wenige schaffen es, sich das Studium zu finanzieren. Ein zweiter Grund für den Ärztemangel liegt in der schlechten Bezahlung. Die Ärzte wollen alle in den Großstädten bleiben, denn am Land kann man sich kaum das tägliche Brot verdienen. Die Leute haben kein Geld, um ärztliche Leistungen zu bezahlen. Es gibt keinerlei Krankenversicherung. So kann man diesen Beruf am Land nur mit einem sehr großen Idealismus ausüben.

Beim Abendessen kommt Father Lou, der Pfarrer von Real, und lädt uns für morgen vormittag in seine Pfarre ein.

19 Uhr Eucharistiefeier.

Anschließend sitzen wir noch mit Bischof Labayen zusammen, um die bisherigen Eindrücke ein wenig zu reflektieren.

Um 21.30 Uhr gehen wir zu Bett. Es ist wieder entsetzlich schwül und dunstig. Ich verstehe jetzt, warum die Asiaten so „faul" sind. Wer hier eine Zeitlang verbracht hat, der begreift, daß die Leistungsfähigkeit bei diesen klimatischen Bedingungen sehr reduziert wird. Hier kann man nicht so drauflosschuften wie bei uns. Da würde man in kürzester Zeit zusammenklappen. Deshalb muß man mit solchen Urteilen sehr vorsichtig sein, wenn wir leichtfertig sagen, die Asiaten seien träge und arbeitsfaul.

Samstag, 3. Jänner 1987

Nach dem Frühstück fahren wir mit einem Jeepney nach Real. Jeepneys sind die nationalen Verkehrsmittel. Sie haben die Größe eines kleineren Lkw. Auf der Ladefläche sind zwei Bänke einander gegenüber montiert, auf denen etwa zwölf Personen Platz finden. Aber so wie die Tricycle sind auch die Jeepneys meist total überladen. 25 bis 30 Personen sind keine Seltenheit in einem solchen Fahrzeug. Die Leute stehen sogar auf den Trittbrettern oder sitzen auf dem Dach des Autos.

In Real nehmen wir wieder an einem pfarrlichen Encounter teil. 15 Mitarbeiter der Pfarre haben sich versammelt und berichten über ihre Aktivitäten in der Pfarre. Es herrscht ziemlich die gleiche Situation wie in Polillo oder in General Nakar. Wir sitzen im hinteren Teil der Kirche. Sie ist ein Betonrohbau, halbfertig. Die Träger des Dachstuhls haben Schaden erlitten, weil so lange kein Geld für die Dacheindekkung vorhanden war. So haben sie sich durch Wind und Regen gefährlich nach unten durchgebogen. Sie müßten dringend ausgetauscht werden, aber es ist kein Geld da. Die Leute spenden zwar schon, aber sie haben selber kein Geld. Die Leute wären bereit, die Arbeit selber zu machen, aber die Kosten für das Baumaterial müßten von irgenwoher gedeckt werden.

Zum Mittagessen sind wir ins Pfarrhaus eingeladen. In allen Pfarrhöfen und auch im Haus des Bischofs bietet sich uns ein ähnliches Bild: Es wohnen viele Leute mit dem

Priester bzw. mit dem Bischof zusammen. Bei den Mahlzeiten sind bei Bischof Labayen immer acht bis zehn Leute anwesend. Auch in den Pfarrhöfen sieht man keine „klerikalen Einsiedler". Da wohnen eine Familie, einige Pfarrmitarbeiter, daneben gibt es gleich eine Kommunität von Schwestern. In unseren Pfarrhöfen wohnt meist nur der Pfarrer, vielleicht noch ein Kaplan und die Haushälterin. Und in vielen Fällen gibt es keine gemeinsamen Mahlzeiten. Das Familiendenken gilt hier auch für Priester und Bischöfe. Gerade die Bischöfe leben bei uns ja oft als Eremiten in ihren bischöflichen Palais. Diese Beobachtung, daß Priester und Bischof in ein Gemeinschaftsleben einbezogen sind, hat mir sehr gefallen.

Nach dem Mittagessen fahren wir wieder mit einem total überfüllten Jeepney nach Infanta zurück. Unterwegs platzt ein Vorderreifen. Die Leute steigen aus. Niemand ist ungeduldig. In zehn Minuten hat der Fahrer den Reifen gewechselt, und wir können unsere Fahrt fortsetzen.

Heute wird in der Mount Carmel High-School von Infanta ein Fest gefeiert: 25 Jahre Bestandsjubiläum. Alle Abschlußjahrgänge sind eingeladen. Die Direktorin führt Hubert und mich kurz durch die Schule.

Um 17 Uhr findet die Eucharistiefeier im Festsaal der Schule statt.

Um 21 Uhr begeben wir uns in das Gebäude der diözesanen Rundfunkstation, wo ein Interview mit Hubert und mir auf Band aufgezeichnet werden soll.

Die Rundfunkstation ist ein ganz wichtiger Faktor in der seelsorglichen Arbeit. Von 6 bis 22 Uhr wird ein Programm gesendet. Da es in der ganzen Diözese kein Telefon gibt, stellt das Radio auch ein Kommunikationsmittel zwischen den Pfarren dar. Abends von 17.30 bis 18 Uhr können die Priester auf der Frequenz des Senders private Unterhaltungen führen, allerdings kann jeder mit seinem Radiogerät mithören. Freitag abends ist Bibelstunde. Die Leute in den Barangays versammeln sich in einem Haus; meist ist ein Katechist oder ein anderer pfarrlicher Mitarbeiter anwesend. Die Bibelstelle wird vorgelesen; es wird eine einfache exegetische Einführung gegeben. Dann teilen die Leute einander ihre Gedanken und Erfahrungen zu dieser Schriftstelle mit. Zum Schluß gibt es noch über den Rundfunk eine Zusammenfassung zu dieser Schriftstelle.

Eine hauptamtliche Moderatorin des Rundfunks und eine nebenberufliche Mitarbeiterin führen das Interview mit uns. Es geht um das Thema „Partnerschaft". Wir versuchen zuerst eine Schilderung zu geben von der Situation unserer Gesellschaft und unserer Kirche. Dann zeigen wir Ansatzpunkte auf, wo und wie eine Partnerschaft beginnen könnte. Partnerschaft setzt immer zwei gleichwertige Partner voraus. Wenn einer immer der reiche Geldgeber und der andere der Almosenempfänger ist, dann entwickelt sich nur eine demütigende Abhängigkeit, aber keine Partnerschaft. Wichtig ist, daß wir in einer Gleichwertigkeit und Ebenbürtigkeit aufeinander zugehen. Der mystische Leib Christi symbolisiert die neue Wirklichkeit, in die wir alle eingegliedert werden sollen, jeder nach seiner Aufgabe und seinen Fähigkeiten. Jeder der beiden Partner muß Gebender und Empfangender zugleich sein.

Gegen 23 Uhr können wir unser Interview beenden.

Der Bischof lädt uns noch zu einem Erfrischungsdrink ein. Um 24 Uhr gehen wir zu Bett. Ich liege noch lange wach.

Ich denke nach über eine Beobachtung, die sich in den letzten Tagen immer mehr verdichtet hat. Ich finde hier eine ganz andere Einstellung zur Spiritualität.

Ich habe das Gefühl, daß die Aktion überwiegt und daß das spirituelle Element ein wenig zu kurz kommt. Wir haben bis jetzt an vielen Zusammenkünften teilgenommen, bei denen über das Leben und über die Arbeit in den Pfarren referiert wurde. Aber erst heute bei dem Treffen in Real bin ich zum ersten Mal einer Gebetsgruppe begegnet. Ich werde den Verdacht nicht los, daß die Kirche hier vergleichbar ist mit der Kirche in Österreich in den fünfziger Jahren. Damals war die Blüte der Katholischen Aktion. Unzählige Verbände und Gliederungen waren entstanden und zeigten eine große Aktivität. Wie konnte dieses blühende Leben in einem Jahrzehnt nahezu völlig verschwinden? Ich glaube, daß in den Gruppen der KA zu sehr das Schwergewicht auf der Aktion lag und das geistliche Element oft zu kurz kam. Wenn dies der Fall ist, dann hat man nicht die Kraft, Durststrecken zu überwinden. Diese Gefahr sehe ich auch hier für die Kirche in Infanta. Jetzt ist die äußere Herausforderung durch den Zeitgeist, durch den Materialismus, durch die Verweltlichung noch nicht gegeben. Deshalb funktionieren die Gruppen noch sehr gut. Aber wenn Infanta einmal von der Zivilisation mit allen negativen Begleiterscheinungen überschwemmt wird, dann sehe ich eine große Gefahr, wenn nicht der spirituelle Rückhalt gegeben ist.

Vor der Kirche von Infanta steht ein Denkmal des nationalen Freiheitshelden José Rizal. Auf dem Denkmal steht der Spruch: „Die Hand, die Brot gibt, ist besser als die Hand, die betet."

Der Spruch ist richtig, aber sehr gefährlich. Ich verstehe, daß der Hungernde von mir zunächst Brot will und keine frommen Sprüche. Aber wenn ich nur beim Austeilen des Brotes stehen bleibe, bin ich bestenfalls ein Sozialreformer, ein Humanist, ein Idealist, aber noch kein Christ. Der größte Idealismus reicht nicht aus, um alle Not zu beseitigen. Diese Grenzerfahrung kann ich entweder mit Resignation hinnehmen, oder ich weiß aus meinem Glauben heraus, daß Gott diese Grenze überwinden kann. Ich denke immer an das Ereignis der Brotvermehrung. Jesus sagte: „Gebt ihr ihnen zu essen." Und die Jünger spürten die Unmöglichkeit, diesen Auftrag zu erfüllen. Aber sie haben das Wenige, das sie hatten, ihre fünf Brote und zwei Fische, im Glauben an Jesus hingegeben. Ich weiß zwar nicht, wie es gehen soll, aber Jesus hat die Möglichkeit, auch unser Brot, das Wenige, das wir zu geben haben, zu vermehren.

Vielleicht bin ich deshalb so auf den Mangel an Spiritualität übersensibel, weil wir in unseren Aufbruchsbewegungen diesen lebenswichtigen Wert erkannt haben. Ich wage natürlich nicht, ein Urteil über die Spiritualität der Diözese abzugeben, denn dazu ist unser Aufenthalt viel zu kurz. Außerdem haben wir nur einen ganz bestimmten Ausschnitt aus dem pastoralen Leben gesehen. Wenn man die himmelschreienden Ungerechtigkeiten und die bitteren Nöte der Menschen sieht, versteht man auch die Haltung, daß das rasche Handeln vorrangig ist. Aber wenn dabei auf Dauer die Spiritualität zu kurz kommt, führt dies zu einer gefährlichen Einstellung. Es wäre interessant, einen Katechisten oder einen anderen Pfarrmitarbeiter einmal einige Wochen bei seiner Arbeit zu begleiten.

Herr,
ich möchte dich um Deinen Heiligen Geist bitten.
Er möge uns lehren,
wie wir aktiv sein können,
ohne uns in Aktivität zu verlieren,
und wie wir beten können,
ohne die Augen vor den Nöten der Menschen
zu verschließen.
Geist der Kirche, Heiliger Geist,
fall auf uns herab!

Sonntag, 4. Jänner 1987

7 Uhr Frühstück.

8 Uhr Eucharistiefeier.

9.30 Uhr Encounter mit einer Gruppe von Ehepaaren.

Sie erzählen über ihre Aktivitäten in der Pfarre. Sie gestalten die Eheseminare, die mehrere Wochen dauern (jeweils ein Abend pro Woche) und die dezentralisiert in den einzelnen Barangays abgehalten werden.

Nach dem Mittagessen verlassen wir Infanta, um nun noch den Norden der Diözese zu bereisen. Da es keine direkte Straßenverbindung an der Küste entlang in den Norden gibt, müssen wir zuerst nach Manila und von dort Richtung Norden fahren.

Nach sechsstündiger zermürbender Fahrt über Stock und Stein erreichen wir endlich Manila. Der Bischof quartiert uns im Office of Human Development ein. Dies ist ein Büro der Asiatischen Bischofskonferenzen. Bischof Labayen ist Leiter dieses Office.

Hier in Manila ist es noch schwüler als in Infanta. Das Büro hat zwar eine Klimaanlage, aber sie verursacht einen solchen Lärm, daß wir nicht schlafen können. Wir haben die Wahl: Entweder wegen des Lärms der Klimaanlage oder wegen der Hitze nicht zu schlafen. Wir entscheiden uns für letzteres. Die Temperatur ist wie in einem Backofen. Man sieht wiederum, wie idiotisch solche Betonbauten in diesem Klima sind. Sie speichern tagsüber die Hitze wie ein Kachelofen, so daß man auch die ganze Nacht hindurch an der Hitze leidet, auch wenn die Luft draußen längst schon abgekühlt ist. Die Bambushütten der Fischer sind da viel klimagerechter.

Montag, 5. Jänner 1987

5.30 Abfahrt Richtung Norden.

Auf den ersten 90 Kilometern kommen wir zügig voran. Die Straße ist gut ausgebaut. Es ist die Hauptroute in den Norden von Luzon. Dann aber wenden wir uns nach Osten, um den Gebirgszug der Sierra Madre zu überqueren. Je näher wir den Bergen kommen, desto schlechter wird die Straße. Etwa einen Kilometer lang ist sie bis zu einem halben Meter hoch überflutet. Mühsam sucht unser Chauffeur einen Weg durch die Wasserfluten. Die Westabhänge der Sierra Madre tragen eine ganz andere Vegetation als die Osthänge; hier an den Westhängen gibt es nur ein sehr trockenes Gras, kleine Büsche und dazwischen einige Riesenbäume. Leider wurde hier sehr viel illegal abgeholzt. Die armen Leute versuchten sich durch das Abholzen ein wenig Geld zu beschaffen. Das Militär greift jetzt radikal durch und beschlagnahmt oft ganze Holztransporte.

Die Straße, die sich in engen Kurven den Berg hinaufschlängelt, ist nur mit einem Bagger in den Hang gegraben. Wenn es regnet, rutscht oft ein ganzes Straßenstück ab.

Zwei Bagger der Straßenverwaltung kontrollieren immer wieder die Strecke. Wir kamen zu einem abgerutschten Teilstück. Ein Bagger war gerade am Werk, eine neue Straßentrasse in den Berg zu graben. Nach 15 Minuten konnten wir die Fahrt fortsetzen. Unser Chauffeur sagte uns, wir hätten großes Glück gehabt. Manchmal kann man fünf bis sieben Stunden warten, bis ein abgerutschtes Straßenstück wieder repariert ist.

Es gibt kaum Brücken, nur über ganz große Flüsse; ansonsten müssen wir immer wieder durch Furten.

Nach acht Stunden Fahrt erreichen wir Baler, die Provinzhauptstadt der Provinz Aurora. Die Stadt hat etwa 25.000 Einwohner, eine große Kirche und ein noch größeres Schulgebäude. Damit die Räume optimal ausgenützt werden, wird im Schichtbetrieb unterrichtet. Von 8 bis 14 Uhr ist Unterricht für die Elementary-School und High-School. Von 15 bis 21 Uhr wird die Schule für das College (16 bis 20Jährige) benützt.

Nach dem Mittagessen dürfen wir uns zu einer kurzen Ruhepause hinlegen, die wir nach der langen, anstrengenden Fahrt schon dringend nötig haben. Aber daraus wird leider nichts. Denn kaum liege ich auf meinem Bett, höre ich Lärm vom Schulhof, der wie militärisches Exerzieren klingt. Ich blicke zum Fenster hinaus: Tatsächlich! Etwa 14jährige marschieren da klassenweise mit hölzernen Gewehrimitationen im militärischen Schritt auf und ab. Dazwischen immer wieder die lauten Kommandorufe. Ich befrage den Bischof nach dem Grund dieser paramilitärischen Schulübungen. Er klärt uns auf, daß die militärische Erziehung auf den Philippinen bereits mit der Grundschule beginnt. Auch die Mädchen werden militärisch ausgebildet. Nach der Schulausbildung gibt es noch einen speziellen Militärdienst von zwei Jahren.

Hier in der Provinz Aurora fanden im November 1986 die stärksten bewaffneten Auseinandersetzungen zwischen den nationalen Befreiungsbewegungen und den Regierungstruppen statt.

Um 16 Uhr Treffen mit dem Parish Council (Pfarrgemeinderat).

Um 19 Uhr sind wir zum Abendessen bei den Schwestern (Franziskanerinnen von der unbefleckten Empfängnis) eingeladen.

Dienstag, 6. Jänner 1987

Die Nacht war heute recht unruhig für mich. Mein Kreuz schmerzte sehr. Die lange Fahrt gestern hat ihm nicht gut getan. Außerdem verwickelte ich mich im Schlaf immer wieder in das Moskitonetz und wachte dann auf. Ich versuchte ohne Netz zu schlafen, aber das ging erst recht nicht, weil sich sofort Schwärme von Moskitos über mich stürzten. Ab vier Uhr früh krähten unzählige Hähne, und Scharen kläffender Hunden versammelten sich vor meinem Fenster, so daß an ein Einschlafen nicht mehr zu denken war.

So meditierte ich über die Situation der Kirche auf den Philippinen. In dem Buch „Macht und Ohnmacht auf den Philippinen" hatte ich so viel Positives von den Basic Christian Communities (christliche Basisgemeinschaften) gelesen. Deshalb war ich eigentlich erstaunt, daß ich bis jetzt auf unserer Reise nirgendwo einer solchen Basic Community begegnet bin. Es wurden uns bis jetzt eine Fülle .von Organisationen und Aktionsgruppen vorgestellt. Ich habe früher schon darüber geschrieben, daß ich um diese Gruppen ein wenig in Sorge bin. Wie werden diese Gruppen weiterbestehen, wenn die massiven Wellen der Zivilisation und des Materialismus dieses Land überschwemmen werden? Ich glaube, daß der Säkularisationsprozeß, der Vorgang der Verflachung und Aushöhlung der Kirche, auch hier schon begonnen hat. Etwa 80% der Filipinos sind zwar getauft, aber wie viele davon praktizieren ihren Glauben? Ich weiß nicht, wie viele Prozent sonntags zur Kirche gehen. Vielleicht 20, 30 oder 40%? Ich weiß es nicht genau, und es ist auch sehr schwer festzustellen, denn es gibt sicherlich Menschen, die gerne zur Sonntagsmesse gingen, die aber wegen der großen Entfernungen keine Möglichkeit haben. Sicherlich führt auch der äußere soziale Druck die Menschen zur Kirche hin, denn die Kirche ist doch immer noch jene Organisation, die sich am stärksten auf die Seite der Armen und Entrechteten stellt, vielleicht ähnlich wie in Polen. Aber ich bin ein wenig in Sorge, ob in all dem auch eine gefestigte Spiritualität vorhanden ist. Ich wage es nicht, ein Urteil zu fällen, da dafür meine Kenntnis der Situation nicht ausreicht.

Aber aus dem, was wir bisher zu sehen bekamen, spürte ich ein Übergewicht der Aktionen. Auch hier in Baler wurde uns vieles aufgezählt und vorgestellt, was an kirchlichen Aktivitäten abläuft. Aber ich wage ganz vorsichtig zu sagen: Ich habe nirgendwo Menschen beten gesehen. Ja sicherlich, eine sehr lebendige Eucharistiefeier. Aber brauchen nicht gerade die vielen Aktivitäten ein Gegengewicht oder besser gesagt eine Kraftquelle, aus der sie schöpfen? Ich spüre, ich muß mit Bischof Labayen offen über diese Frage reden.

Sicherlich gehen wir Europäer bei der Beurteilung von einem ganz anderen Standpunkt aus. Wir haben bereits erfahren, daß wir im Sog des Zeitgeistes nur durch eine gefestigte Spiritualität bestehen können. Nur in der Gemeinschaft mit Jesus Christus kann der Christ in der Welt leben und doch nicht von ihr absorbiert werden. Nur in engster Gemeinschaft mit Jesus Christus kann die Kirche Kontrastgesellschaft sein. *„Getrennt von mir könnt ihr nichts tun“*, sagt Jesus. (Joh 15,5.)

Ich bin überzeugt, daß all die Aktivitäten, die wir hier auf unserer Reise präsentiert bekamen, sehr gut und sehr notwendig sind: Einsatz für Gerechtigkeit und Frieden, soziales Engagement, Linderung der Not, Verbesserung der medizinischen Grundversorgung usw. Aber all diese Aktivitäten sollen nicht bloß als menschliches Hilfswerk verrichtet werden, sondern sie sollen ein prophetisches Zeichen dafür sein, daß das Reich Gottes in unserer Mitte schon begonnen hat.

Wir können nach den bisherigen elf Tagen unserer Reise zwar auf eine Teilnahme an Meetings, Encounters, Sitzungen usw. in der Gesamtdauer von mehr als 40 Stunden zurückblicken. Aber wir haben noch nie gemeinsam für unsere Partnerschaft gebetet, außer bei den Fürbitten der Eucharistiefeiern.

7.30 Uhr Frühstück.

8.30 Uhr Besichtigung von Bataris. Bataris ist ein Tagalog-Wort, und man kann es am besten mit „Bildungshaus“ übersetzen. Vier Holländer von der Ordensgemeinschaft der Voluntary Missionaries haben gemeinsam mit den Einheimischen dieses Bildungshaus gebaut. Finanziert wurde das Projekt von der österreichischen Sternsingeraktion. Ich bin begeistert über die Art und Weise, wie die vier Holländer dabei vorgegangen sind. Sie haben sich hier zunächst einmal angesiedelt, haben die Sprache und die Gewohnheiten sowie Bedürfnisse der Menschen studiert. Sie wohnten aufgeteilt in verschiedenen Barangays bei Familien. Dann haben sie mit den Menschen gemeinsam begonnen, ein Bildungshaus zu bauen, das erstens ganz im Stil der ortsüblichen Bauwerke errichtet ist und das zweitens wirklich den Bedürfnissen der Menschen hier Rechnung trägt. Das Bildungshaus besteht aus fünf kleinen Häusern, die nach der Art der hiesigen Hütten aus Holz, Bambus, Palmblättern und Dacheindeckung aus Grasbüschel gebaut wurden. Viele Menschen haben mitgeholfen und dadurch eine starke Beziehung zu diesem Haus bekommen. Die fünf Häuser dienen folgenden Zwecken: ein Versammlungshaus, ein Haus als Küche und Speisesaal, ein Haus mit den WC-Anlagen, ein Haus mit Duschen und das Schlafhaus.

9.30 Uhr Treffen mit dem Executive Council der Lehrerschaft aller drei Schultypen.

Bischof Labayen stellt uns vor, und wir erläutern das Thema Partnerschaft. Konkret überlegen wir die Möglichkeit einer Schulpartnerschaft mit einer Schule im Raum Wiener Neustadt.

10.30 Uhr Abfahrt zur nördlichen Nachbarpfarre Maria Aurora. Zuerst fahren wir mit dem schuleigenen Jeepney bis zum Fluß. Diesen überqueren wir per Boot. Dann fahren wir mit einem Tricycle weiter. Es wird die abenteuerlichste Fahrt der ganzen Reise. Es regnet in Strömen. Die Straße ist eine morastige Piste. Mehrmals bleibt das Fahrzeug im Morast stecken, und wir müssen heben und schieben, um es wieder herauszuhieven. Dabei stecken wir bis zu den Waden im Schlamm. Was durch den Regen noch nicht naß ist, wird durch den Schweiß bei dieser Anstrengung durchnäßt. Nach einer halben Stunde erreichen wir auf diese Weise den Pfarrhof von Maria Aurora. Maria Aurora ist eine kleine Stadt, etwa 8000 Einwohner, dazu noch einige umliegende Barangays. Wir treffen hier Father Dano, den Pfarrer von Maria Aurora, und Father Amang, den Pfarrer von Dipaculao (noch weiter nördlich). Father Tony und Father Mario von der Insel Polillo sind ebenfalls hier. Ich wundere mich, daß die Priester an einem Feiertag (heute ist Dreikönigstag) so einfach von ihren Pfarren wegfahren können. Es gibt ja keine Gottesdienstvertretungen. Ich frage Father Tony, wie das möglich ist. Er lacht und sagt: „Die Laien vertreten uns.“ Wenn sie nicht in der Pfarre anwesend sind, so werden Laien mit verschiedenen Aufgaben betraut. Der eine hält Wortgottesdienste mit Kommunionspendung, ein anderer ist für

Taufen und Trauungen zuständig usw. Wenn sie die Außenstationen bereisen, müssen die Stammpfarren oft längere Zeit hindurch so funktionieren.

Nach dem Mittagessen besuchen wir noch die Kirche und die Kommunität der Ordensschwestern gleich neben dem Pfarrhof.

Um 13.30 Uhr fahren wir wieder mit dem Tricycle zurück. Der Motor will nicht anspringen; Hubert und ich schieben das Vehikel fast einen halben Kilometer, bis der Motor endlich startet. Jetzt haben wir schon Übung in der Durchquerung der Morastlachen.

Um 14.30 Uhr treffen wir bei Bataris ein, wo der Bischof die Segnung und Eröffnung vornimmt. Hubert und ich stellen hier gleichsam die Delegation der österreichischen Sternsingeraktion dar.

Es folgen nun endlos lange Ansprachen. Da alles in Tagalog gesprochen wird, verstehen wir kaum etwas, denn diesmal haben wir niemand, der uns übersetzt. Der Pastor der Methodisten, der neben mir sitzt, sagt mir wenigstens, wann über uns gesprochen wird.

18 Uhr Eucharistiefeier in der Pfarrkirche von Baler.

Bischof Labayen ist sehr stark politisch engagiert. Er leitete heute von 17 bis 18 Uhr eine Zusammenkunft von pfarrlichen Mitarbeitern. Es ging wiederum um den Waffenstillstand und um die Volksabstimmung über die neue Verfassung.

Ich bin mir nicht ganz im klaren, wie dieses massive politische Engagement einzuordnen ist. Ich muß für mich selber die Frage Kirche und Politik neu überdenken.

Ich bin überzeugt, daß die Kirche konkret in das Leben der menschlichen Gesellschaft hineinwirken muß. Die Kirche soll „Gewissen der Welt" sein; das allein ist schon sehr politisch.

Aber ich stelle mir bei all dem sozialen und politischen Engagement die Frage, was ist daran das spezifisch Christliche. Ich erinnere mich an das Buch „Geschenk der Armen an die Reichen" von Hildegard Goss-Mayr. Sie schreibt in diesem Buch, daß der politische Einsatz des Christen, besonders wenn die äußeren Umstände sehr brisant sind, unbedingt getragen sein muß von Gebet und Fasten.

Ansonsten verliert sich die Aktivität des Christen sehr schnell in ein sozial-politisches oder sozial-revolutionäres Programm. Darum stelle ich mir hier fortwährend diese Frage nach dem spezifisch Christlichen in all den vielen Aktivitäten. Ich glaube nämlich, daß viele Filipinos mit ehrlicher Gesinnung an einer Veränderung ihrer gesellschaftlichen Strukturen arbeiten. Aber tun das nicht auch die Kommunisten?

Unabhängig von meiner Philippinenreise habe ich mir schon früher sehr intensiv diese Frage gestellt, inwiefern das Handeln des Christen sich vom Handeln des Nichtchristen abhebt. In den Erneuerungsbewegungen ist viel die Rede von der Kirche als KONTRASTGESELLSCHAFT. Aber worin besteht dieser Kontrast? Die einzige Antwort, die ich für mich darauf geben kann, lautet: die gelebte Bergpredigt. Der Christ versucht das Unmöglichste zu tun; er lebt die Bergpredigt, nicht aus eigener Kraft, sondern weil in seinem Tun zeichenhaft aufleuchtet, daß das Reich Gottes schon begonnen hat. Der Christ liebt seine Feinde nicht in heroischer Selbstüberwindung, sondern im Blick auf das begonnene Gottesreich, in dem es keine Feinde mehr gibt, sondern nur mehr Brüder und Schwestern als Kinder des einen Vaters. Der Christ lebt und handelt gewaltlos nicht als neues politisches Programm, sondern weil er weiß, das Gott am Werk ist und daß ER zu ihm steht, und deshalb braucht der Christ keine Gewalt anwenden, um seine Ziele durchzusetzen oder sich zu verteidigen.

Der Christ übt Nächstenliebe, lindert Schmerz und Not, aber nicht, um mit höchster Anstrengung eine heile Welt zu erzeugen, sondern weil er weiß, daß Gott bereits diese heile Welt schafft und unser Tun somit etwas vom Tun Gottes vermitteln kann.

Dies alles mag vielleicht manchem spitzfindig klingen. Aber ich weiß um die Gefahr, wenn man diesen feinen Unterschied nicht sieht oder nicht sehen will. Sehr rasch verlieren wir unser Ziel und unseren Auftrag aus den Augen.

Ich halte noch immer vergeblich Ausschau nach den Basic Christian Communities (BCC), den vielgerühmten und vielzitierten Basisgemeinschaften. Gerade in europäischen Ländern wurde in den letzten Jahren viel von den Basisgemeinschaften geredet, weil man die Schwierigkeiten in der gesamten

Pastoral immer stärker spürte. Diese Schwierigkeiten beruhten vor allem auf einem Mangel an Gemeinschaft. So spricht man viel von Gemeinschaften, von Basisgruppen und blickt dabei einerseits zurück auf die urkirchlichen Gemeinschaften, anderseits aber richtet sich der Blick auf viele Länder in der Dritten Welt, in denen die Kirche gerade in solchen Basisgruppen lebendig ist. Deshalb hätte es mich besonders interessiert, das Leben solcher BCCs kennenzulernen. Ich hatte mir erhofft, in der Begegnung mit Basisgruppen vielleicht eine Orientierung zu finden, die auch für die Gemeinschaften unserer Kirche zu Hause wichtig sein könnte. Wenn wir von verbindlichen Gemeinschaften sprechen, wird man sehr schnell als Träumer oder Spinner hingestellt. Viele sagen, so etwas wie die urkirchlichen Gemeinschaften hätte es nie gegeben. Der Text Apg 2,43–47 sei idealisiert, und es sei verrückt, wenn wir heute versuchten, so etwas zu leben. Ich bin trotz aller Gegenargumente nach wie vor überzeugt, daß in solchen Gemeinschaften nicht nur die Zukunft der Kirche, sondern auch die Zukunft der Gesellschaft liegt.

Aus diesem Grunde hätte mich eine Begegnung mit einer philippinischen Basisgemeinschaft sehr interessiert.

Beim Abendessen frage ich Bischof Labayen ganz direkt, ob er wegen seines sozialen und politischen Engagements nicht des öftern als Kommunist bezeichnet werde. Er bejaht dies. Dann folgt eine lange Diskussion über die verschiedenen Formen des Kommunismus.

Mittwoch, 7. Jänner 1987

6 Uhr Eucharistiefeier.

Anschließend Frühstück.

7.30 Uhr Abfahrt Richtung Manila.

Um 16.30 Uhr treffen wir zu einem Besuch bei der Mutter von Bischof Labayen in Manila ein. Bischof Labayen stammt aus der gehobenen bürgerlichen Schicht. Er hat uns einmal erzählt, daß er mehrere Bekehrungen durchmachen mußte, um zu jener Einstellung zu gelangen, die er heute praktiziert.

Er trat in den USA in ein Karmelitenkloster ein, da es damals auf den Philippinen noch keine Niederlassung der Karmeliten gab. Dort wurde er angesteckt von einem gewissen Amerikanismus (=die überhebliche Haltung, daß alles machbar sei.) Dann studierte er in Rom Theologie und wurde infiziert mit einer individualistischen Schreibtischtheologie. Von all dem mußte er sich schrittweise lösen. Er kam zu einer klaren Entscheidung für die Armen und Machtlosen, er fand zu einer Theologie des Herzens und des Lebens.

Auf der Fahrt diskutierten wir über die „richtige Mission der Kirche“. Father Francis hatte nämlich gestern in einer Zusammenkunft mit seinen Mitarbeitern ein Modell aufgezeichnet, das ich nicht ganz akzeptieren konnte.

Dieses Modell spaltet die Mission der Kirche in zwei große Bereiche:

HUMANISATION und EVANGELISATION.

Unter Humanisation verstanden sie die Bemühungen, die Menschen zu einem menschlicheren Dasein zu führen, dem Volk Macht zu verleihen, Organisationen zu gründen, in denen die Menschen sich wirtschaftlich und politisch behaupten können usw.

Evangelisation ist die Verkündigung des Evangeliums und das Angebot des Heils von Gott her.

Ich kann diese Zweiteilung nicht akzeptieren, weil ich der Meinung bin, daß wir hier wiederum zwischen einem geistlichen und einem weltlichen Teil der Wirklichkeit unterscheiden. Ich würde sagen, der Auftrag der Kirche besteht in einer HUMANISATION durch die EVANGELISATION. Jesus Christus ist wahrer Mensch geworden. Und nur in der Gemeinschaft mit ihm können wir wirklich Mensch werden. Und das meint ja Humanisation. Die Verkündigung des Evangeliums bringt uns jenes Lebensprogramm, in dem allein menschliches und menschenwürdiges Leben möglich ist.

Father Francis zeichnet noch ein zweites Modell, dem wir auf unserer Reise öfters begegnet sind: EPCRS. Dieses Kürzel EPCRS ist eine Abkürzung für die gesamte gesellschaftliche Wirklichkeit und bedeutet:

Economics (Wirtschaft)
Politics (Politik)

Culturals (Kultur)
Religious (Religion)
Sozial (soziale Angelegenheiten)

Ich habe mich gegen diese Reihenfolge gesträubt. Wir leiden doch darunter, daß wir zwischen dem Sonntagsleben und dem Alltagsleben unterscheiden. Es fehlt uns die Einheit des christlichen Lebens. Durch ein solches Modell wird aber die Aufsplitterung noch mehr forciert.

Ich würde dieses Modell folgendermaßen umformen:

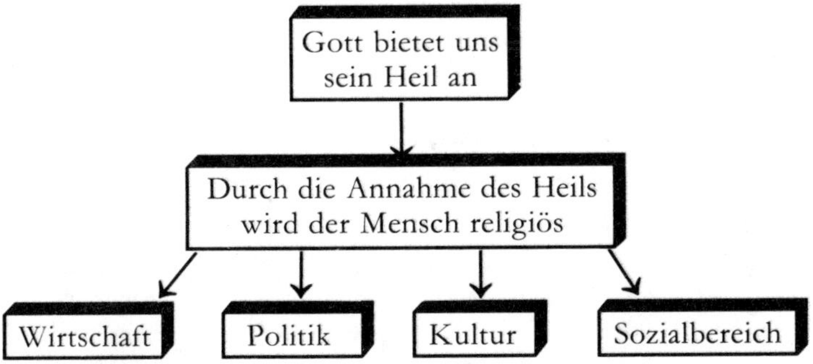

Alle Lebensbereiche werden durch den religiösen Menschen mit dem Heil Gottes durchdrungen, d. h., die Menschheitsgeschichte wird dadurch zur Heilsgeschichte.

Das Religiöse ist nicht ein Sektor im Leben des Menschen, sondern entweder ist der ganze Mensch religiös, dann ist alles, was er tut, religiös, oder er ist nicht religiös. Das Wort Religion wird abgeleitet vom lateinischen Wort „religere“ (= binden). Religion ist eine Bindung an Gott. Was ist das aber für eine seltsame Bindung, die nur für einen kleinen Ausschnitt meines Lebens Gültigkeit hat? Das ist ja die Krankheit unserer Religiosität, daß wir nur während der Sonntagsmesse „religiös“ sind, aber unser Alltag ist zutiefst heidnisch. Dann dürfen wir uns auch nicht wundern, daß im gesamten politischen oder wirtschaftlichen Bereich Gott und seine Gebote überhaupt nicht berücksichtigt werden. Religiös können wir nur sein nach dem Motto: „Alles oder nichts!“

Es gibt keine Trennung zwischen sakraler Welt und profaner Welt. Durch die Menschwerdung Jesu ist alles geheiligt, ist alles sakral.

Um 17.30 Uhr treffen wir im OHD ein. (OHD = Office for Human Development; Büro für Entwicklungshilfe.)

Hubert und ich werden im Sekretariat von Father Desmound Sousa, einem indischen Redemptoristen, einquartiert.

Donnerstag, 8. Jänner 1987

Von 9 bis 12 Uhr und von 13 bis 14 Uhr fassen wir mit dem Bischof ausführlich unsere Reiseeindrücke zusammen. Er zeichnet uns ein Modell auf:

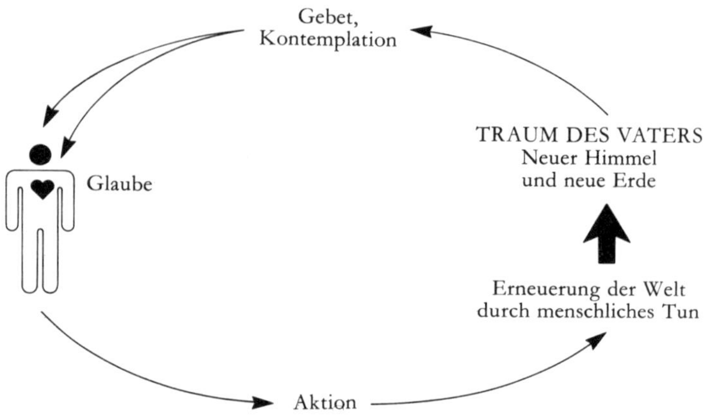

Durch Gebet und Kontemplation tritt der Mensch in eine Herz-zu-Herz-Beziehung. Er gewinnt eine Ahnung vom Traum des Vaters, der neuen Schöpfung. Nun beginnt der Mensch dieser neuen Schöpfung durch sein Tun den Boden zu bereiten. In diesem Vorgang besteht die Gefahr, daß es zu Verkürzungen kommt, daß man eine Station auslassen will. Wenn z. B. die Kontemplation fehlt, dann bekomme ich gar keine richtige Ahnung vom Traum Gottes, d. h. von dem Wunderbaren, was Gott uns bereitet hat. Dann werde ich auch keine Motivation zur Tat, zur Aktion haben. Die Kontemplation muß unbedingt durch **Kopf und Herz** gehen, sonst kommt es zu Vereinseitigungen. Der Mensch bereitet durch sein Tun die Erneuerung der Welt vor. Aber das, was er zustande bringt, das ist nicht die neue Welt, die kann nur von Gott vollendet werden. Aus Ungeduld haben die Menschen dieses Ziel oft verkürzt und selber versucht, eine heile Welt zu schaffen.

Ich befrage den Bischof nach den Basisgemeinschaften, und wieso wir auf unserer Reise nirgendwo einer solchen begegnet sind. Er betont die Wichtigkeit der BCCs; wir seien deshalb mit keiner BCC in Kontakt gekommen, weil diese meist in den Barangays leben. Unsere Reise hatte als Stationen jeweils aber nur größere Ortschaften. Aus dem Gespräch gewinne ich aber den Eindruck, daß die Bildung der Basisgemeinschaften erst in Entwicklung sei. Der Bischof befragt uns nach unseren europäischen Vorstellungen und Erwartungen von einer BCC. Ich nannte ihm drei Punkte, die eine Basisgruppe aufweisen müßte:

1. Als Kontrast zum starken Individualismus unserer Gesellschaft lebt die Basisgruppe in GEMEINSCHAFT; sie bildet als Gegensatz zu den kleinen Lebenseinheiten (Kleinstfamilie, Singles) größere Lebenseinheiten.

2. Als Kontrast zur Privatisierung in unserer Gesellschaft lebt die Basisgruppe in Gütergemeinschaft.

3. Als Kontrast zum Materialismus und zur Diesseitsverherrlichung in unserer Gesellschaft setzt die Basisgemeinschaft ein Zeichen, daß das Reich Gottes in unserer Mitte schon begonnen hat und daß wir unterwegs sind hin auf das Ziel.

Um 14 Uhr müssen wir uns nun vom Bischof verabschieden. 13 Tage hat er gemeinsam mit uns seine Diözese bereist. Er hat sich sehr viel Zeit für uns genommen und all unsere Fragen mit viel Geduld und Herzlichkeit ertragen und beantwortet. Danke! Gott vergelte es Dir, lieber Bruder Bischof!

Um 15 Uhr kommen Ellen und Marivic ins OHD, um uns bei einem Stadtbummel zu begleiten und Manila zu zeigen. Ellen arbeitet beim Rundfunk in Infanta als Radiosprecherin. Sie absolviert derzeit einen Fortbildungskurs in Manila. Marivic ist die Nichte von Bischof Labayen. Sie arbeitet im diözesanen Gesundheitsprogramm.

Wir besuchen die Kathedrale San Augustin und die New Cathedral von Manila. Danach wandern wir durch das Fort

Santiago, in dem der Freiheitskämpfer José Rizal gefangengehalten und getötet wurde.

Um 17 Uhr bringt uns der Chauffeur des Bischofs zu den Kleinen Schwestern. Sie wohnen weit draußen in einem Vorort. Mühsam fragen wir uns Straße um Straße durch, bis wir sie endlich gefunden haben. Wir kommen gerade zum Beginn der Messe um 18 Uhr zurecht. Der Kleine Bruder Bernard, ein Franzose, zelebriert die Messe. Wir spüren schon beim Betreten der Fraternität einen heimatlichen Geist. Die gleiche Herzlichkeit und Freundlichkeit wie in den Fraternitäten der Kleinen Schwestern bei uns in Österreich, die gleiche Schlichtheit und Schönheit der Ausstattung der Kapelle. .Es feiern etwa 20 Personen bei der hl. Messe mit. Anschließend an die Eucharistiefeier laden uns die Kleinen Schwestern zum Abendessen ein. Es wird ein wunderbares, herzliches Beisammensein. Als ich ihnen erzähle, daß ich Kleine Schwester Magdeleine von Jesus (die Gründerin), Kleine Schwester Carla (die jetzige Generaloberin) und P. Voillaume kenne und daß ich im Vorjahr Noviziatsunterricht bei den Kleinen Schwestern in Stöttera erteilt hatte, sagte eine von ihnen: „Da bist Du ja fast mehr Kleine Schwester als wir!"

Die Fraternität besteht derzeit aus fünf Schwestern: Kl. Sr. Beatriz Loida von Jesus, Kl. Sr. Cecilia Grace von Jesus, Kl. Sr. Luz Dolores (Novizin) und Rosa Maria (Postulantin). Kl. Sr. Marlene Karla ist derzeit nach Hongkong gereist, um die dortige Fraternität zu besuchen.

Um 20.30 Uhr holt uns der Chauffeur des Bischofs wieder ab und bringt uns ins OHD. Marivic, die Nichte des Bischofs, ist in unserer Gesellschaft inzwischen richtig aufgetaut. Anfangs war sie sehr schüchtern und zurückhaltend. Jetzt erzählt sie uns voll Begeisterung von ihrer Arbeit im Gesundheitsprogramm. Sie bestätigt unsere Beobachtungen über den schlechten Gesundheitszustand der Filipinos, vor allem der Kinder. Ein Drittel der Kinder stirbt zwischen null und sechs Jahren. Die übrigen haben oft schwere Mangelerscheinungen (Vitamin- und Proteinmangel). In der Pfarre Baler hatten wir mit neun Pastoralarbeiterinnen gesprochen. Sieben von ihnen hatten bereits ein künstliches Gebiß, obwohl sie alle im Alter zwischen 20 und 25 Jahren sind.

Wir sehen, wie kompliziert gerade im Gesundheitsprogramm die Situation erscheint. Die Probleme der Bauern, der Fischer, der Marktwirtschaft greifen ein in das Gesundheitswesen. Weil die Bauern z. B. durch die wirtschaftliche Lage gezwungen sind, nur bestimmte Früchte anzubauen, kommt eine einseitige Ernährung zustande. Weil sie ihre Produkte zu einem sehr schlechten Preis verkaufen müssen, besitzen sie kein Geld, um sich andere Nahrungsmittel für eine ausgewogenere Ernährung zu besorgen.

Es bedrückt mich, daß alles so kompliziert und fast ausweglos ist.

Herr, steh uns bei,
daß wir nicht mutlos werden.
Herr, ich möchte dich fragen:
Hast du nie gedacht,
daß es sinnlos und ausweglos ist,
an der Erlösung der Welt zu arbeiten?
Ist dir das alles nicht auch wahnsinnig kompliziert
und verfahren vorgekommen?
Danke, Herr, für deinen Mut,
für deine Geduld,
für dein Ausharren bis zum Tod am Kreuz.
Du machst mir Mut, auch auszuharren,
auch wenn dabei oft nichts anderes herausschaut,
als das „Gekreuzigtwerden“
in Ausweglosigkeit.
Sei gepriesen Herr!

Freitag, 9. Jänner 1987

7 Uhr Frühstück.

Um 8 Uhr brechen wir auf, um Amelia Lourdes Mandigma zu besuchen. Amelia ist eine College-Studentin, die von Hubert unterstützt wird. Wir gehen zu Fuß etwa eine Stunde, bis wir das Haus finden, wo sie wohnt. Ein einstöckiges Haus, das in „Studentenwohnungen“ umgewandelt wurde. Diese Studentenwohnungen sind nur winzige Abteile, durch Holzwände voneinander getrennt. Amelia bewohnt zusammen mit ihrem Bruder ein solches Abteil von etwa drei bis vier Quadradmetern. Dafür bezahlen sie eine unverschämt hohe Miete (800 Pesos). Viele Mädchen von den Colleges und Universitäten betreiben Prostitution, weil sie keine andere Möglichkeit sehen, das Geld für ihr Studium und für die Wohnung aufzubringen.

Auf dem Heimweg von Amelias Wohnung nehmen wir einen anderen Weg, um von der Stadt etwas zu sehen. Immer wieder kommen wir an stinkenden Kanälen vorbei, an deren Ufern unzählige ärmliche Hütten stehen. Gleich daneben wiederum befindet sich ein Wohnviertel der Reichen, riesige Nobelvillen, das ganze Viertel abgegrenzt und eingezäunt. Jeder, der da hinein will, wird kontrolliert. Die Reichen haben sich hier ihr eigenes Gefängnis, ihr Ghetto der Angst geschaffen.

Die Wanderung durch die Stadt hat mich sehr ergriffen und bedrückt. Mir fällt hier ein, was Carlo Carretto in seinem Buch „Was uns Franziskus heute sagt“ im Kapitel über die Gewaltlosigkeit (S. 108) schreibt: *„Inzwischen würde ich damit anfangen, den ländlichen Gebieten den Vorrang zu geben und die Städte als den ersten Irrtum zu betrachten. Warum bieten viele Großstädte einen so erschreckenden Anblick von Menschenhaufen, die sich um die Peripherie drängen und menschenunwürdig leben?“*

Ja, wenn man die Zusammenballung von zehn Millionen Menschen hier in Manila sieht, dann kann man nur sagen, daß diese Art von Zusammenleben ein Grundirrtum ist. In der Stadt stehen tausende Wohnungen leer, weil sie sich niemand leisten kann; am Rande der Stadt leben Hunderttausende in ärmsten Hütten unter schlechtesten gesundheitlichen Bedingungen.

Beim Anblick von Manila kann ich immer wieder nur beten:

Mein Gott, erbarme dich unser!
Erbarme dich des Elends dieser Menschen hier!
Aber erbarme dich vor allem unser,
die wir sehr viel Schuld tragen,
daß ein solches Elend
zustande kommen konnte.

Vater,
barmherziger Vater,
allmächtiger Vater,
habe Erbarmen mit uns,
die wir mit unserer Weisheit
angesichts dieser Fülle
von Not und Elend
am Ende sind.
Erbarme dich unser
und führe alle Menschen zum Heil.
Verwirkliche deinen Traum!
O Diyos, ang ama namin,
maawa ka sa amin!
O Gott, du unser Vater,
erbarme dich unser!

Um 13 Uhr sollte uns Father Thomas von der Gemeinschaft „Anointed of Mary" in Antipolo abholen, diese Gemeinschaft war unsere allererste Station nach unserer Ankunft in Manila. Wir wollen sie vor unserer Abreise nochmals besuchen. Doch das Auto hat einen Defekt, und so kommt Father Thomas erst um 16 Uhr. Die Fahrt vom OHD nach Antipolo wird sehr langwierig, da die Stoßzeit bereits beginnt; außerdem ist der 9. Jänner ein großer Festtag in Manila. Heute ist das Fest des Black Nazarener. Dieses Fest ist eine Mischung aus traditionell-heidnischen Elementen und christlichem Traditionsgut. Auch in unserem Brauchtum sind ja die meisten Feste heidnischen Ursprungs und später mit christlichem Inhalt gefüllt worden (z. B. Weihnachten, Maria Lichtmeß, Ostern usw.).

Die Prozession des Schwarzen Nazareners ist die größte Prozession überhaupt auf den ganzen Philippinen.

Die Straßen sind überfüllt mit Jeepneys, die in den Stadtteil Qiapo hinströmen, wo die Prozession des Schwarzen Nazareners stattfindet. Während der Fahrt erzählt Father Thomas über das Leben und die Probleme in Manila. Ich gewinne immer mehr den Eindruck: Manila ist die Hölle! 5% seiner Einwohner sind sehr reich, 20% kann man einem Mittelstand zuzählen, die zwar nicht reich sind, aber die auch keine Not leiden, 25% sind arm, 50% sind sehr arm.

Manila ist in kürzester Zeit zur Sexmetropole Nummer eins im Fernen Osten aufgestiegen und hat längst Bangkok und Singapur in diesem Punkt überflügelt. Das Geschäft mit den schönen Filipino-Mädchen blüht. Der Sklavenhandel im Römischen Reich war wahrlich human im Vergleich zu dem brutalen Mädchenhandel, wie er jetzt in und um Manila zu florieren beginnt. Eigene Agenturen sind entstanden, die ihre Vertreter in die Dörfer hinaussenden, wo die Mädchen mit Versprechungen angelockt werden. Manila gilt leider bei vielen Filipinos immer noch als das Traumziel. Die Leute wissen nicht im geringsten, was auf sie zukommt. Wenn sie dann einmal in Manila sind, ist es um sie geschehen; ein Aussteigen ist nahezu unmöglich; es werden bereits zehn- bis zwölfjährige Mädchen (und seit neuestem auch Knaben) nach Manila gebracht – zur Befriedigung westlicher Touristen. Ich habe mich geschämt, ein Europäer zu sein, während Father Thomas erzählte, wieviel Tausende pro Jahr per Flugzeug hierher fliegen einzig wegen der „asiatischen Erotik“, so wie es in den Katalogen der Reisebüros angepriesen wird. Eine Stadt mit zehn Millionen Einwohnern und 300.000 Prostituierten! Viele arme Familien haben keine andere Möglichkeit zu überleben, als eine der Töchter für dieses Gewerbe zu „opfern“. Das ist das brutale Geschäft mit der Not der Menschen, eine Ausbeutung in neuer Form, die noch schrecklicher ist als die der Kolonialzeit.

Wir fahren gerade an einem riesigen Areal vorbei, umgeben von einer Betonmauer. Father Thomas erzählt, das dieses Gebiet noch vor kurzem von den Shanti-people (so nennen sie die Bevölkerung in den Slums) bewohnt war. Imelda Marcos, die Gattin des früheren Diktators, wollte hier ein ehrgeiziges Hotelprojekt verwirklichen. Sie ließ die Hütten der Armen mit Caterpillars wegbaggern. Das Areal wurde mit dieser Betonmauer umgeben. Doch die Shanti-people kamen wieder, rissen die Mauern teilweise nieder und stellten ihre Hütten wieder auf. Nun wurden sie ein zweites Mal vertrieben. Die Menschen können sich keine anderen Wohnungen leisten, selbst wenn sie auch einen Arbeitsplatz haben, weil sie so wenig verdienen, daß jede Wohnung für sie unerschwinglich wird. Ausländische Firmen umgehen durch Schmiergeld und Bestechung die Arbeitsgesetze. Die Firma

Adidas hat in Manila eine Niederlassung gegründet nur unter der Bedingung, daß für diese Fabrik kein Streikrecht gilt.

Die Aktiven aus der Gemeinschaft „Anointed of Mary" betreiben auch Seelsorge im größten Gefängnis von Manila. Ich kann fast nicht mehr zuhören, als Father Thomas über die Zustände in diesem Gefängnis erzählt. 30 Häftlinge sind in eine Zelle mit 20 Quadradmetern gepfercht. Sie können nur sitzend schlafen, weil zu wenig Platz ist. Es gibt keine Waschgelegenheit (man bedenke dies hier im tropischen Klima!), nur einmal pro Woche werden die Gefangenen mit einem Schlauch abgespritzt. Das Essen wird in den Zellen einfach auf den Boden geschüttet, von wo es die Häftlinge wie Tiere aufessen müssen. So erspart sich die Gefängnisverwaltung das Geschirr.

Um 18.30 Uhr erreichen wir endlich Antipolo. Die kontemplativen Mitglieder der Gemeinschaft haben uns zu einem Gespräch eingeladen, zu dem wir uns gleich nach unserer Ankunft begeben. Die Gemeinschaft ist noch sehr jung. Sie wurde vor vier Jahren gegründet und erst im Vorjahr kirchenrechtlich bestätigt. Obwohl diese Gemeinschaft auf dem Territorium der Diözese Antipolo liegt, untersteht sie als exterritoriale Kommunität dem Bischof Labayen von Infanta.

Die Brüder vom kontemplativen Teil der Kommunität erzählen uns, daß sie noch nach der rechten Spiritualität für ihr Leben suchen. Deshalb sind sie sehr daran interessiert, daß ich ihnen über die benediktinische Spiritualität erzähle.

Dann erzählt Brother Jerome über seine Berufung und über seine Ansicht vom kontemplativen Leben. Ich bemerkte einen gefährlichen Zug in seiner Einstellung. Er erwähnt die Begebenheit in der Hl. Schrift, wo Jesus zu Maria und Martha kommt. Jesus sagt dort, daß Maria den besseren Teil erwählt hat. Der soll ihr nicht genommen werden. Jerome meinte, daß sie durch die Entscheidung für das kontemplative Leben den „besseren Weg" beschritten hätten. Diese Ansicht halte ich für sehr gefährlich. Obgleich ich immer wieder die Notwendigkeit und die Bedeutung der Kontemplation hervorhebe, glaube ich doch, daß man es nicht so formulieren darf. Man hat ohnedies jahrhundertelang den Ordensstand als den Stand der „Vollkommenen" bezeichnet. Ich entgegnete

Br. Jerome, daß wir nicht nach dem Besseren, sondern nach dem Besten streben sollten. Und das beste ist auf jeden Fall, wenn ich meine spezifische Berufung lebe. Wir können, wie es Paulus in 1 Kor 12 darlegt, nicht sagen, diese Lebensform oder diese Berufung ist wichtiger und jene ist weniger von Bedeutung. Jeder hat seine Aufgabe und sein Charisma und seine Berufung. Und der mystische Leib Christi wird nur dann in Einheit und Harmonie sein, wenn jeder die ihm zugemessene Berufung lebt. Wer zum kontemplativen Leben berufen ist, für den ist es nicht nur die bessere Lebensform, sondern die beste. Für denjenigen in ihrer Gemeinschaft aber, der zum Dienst in der Pastoral berufen ist, z. B. in den Gefängnissen, in den Lepraspitälern, für denjenigen ist dieser Dienst der beste Weg. Und wir können nicht abwägen oder gar gegeneinander ausspielen. Ich brachte für ihre Gemeinschaft den Vergleich mit einer Maschine und mit dem Treibstoff. Was ist wichtiger: Die Maschine oder der Treibstoff? Beides ist für sich allein nutzlos, weil der Treibstoff ohne Maschine mir nicht dient, ebensowenig wie eine Maschine ohne Treibstoff. Die Aktiven in ihrer Gemeinschaft sind zu vergleichen mit der Maschine, die Kontemplativen mir dem Treibstoff. Nur im Dienst aneinander und füreinander dienen sie den Aufbau des Reiches Gottes.

Um 19.30 Uhr sind wir mit den Aktiven zum Abendessen geladen.

Anschließend geben sie uns in einem kurzen Diavortrag einen Einblick in ihre seelsorglichen Dienste.

Neben der Seelsorge an den Gefangenen, an den Leprosen oder in den TBC-Spitälern leiten sie den Youth Marian Crusade, den marianischen Kreuzzug der Jugend. Dabei inszenieren sie Massenveranstaltungen mit Jugendlichen in der Art eines Besinnungstages. So haben sie z. B. mit 30.000 College-Studenten im Stadion von Manila einen Einkehrtag gehalten. Dabei setzten sie auch sehr viel Gesang und Choreographie ein, ähnlich wie die Gruppen GEN ROSSO oder GEN VERDE.

Ich kann diese Nacht keinen Schlaf finden. Das Kreuz schmerzt sehr. Aber noch mehr belastet mich die Begegnung mit Manila.

Gott,
wie groß muß deine Liebe
und deine Geduld sein,
daß du dieses unermeßliche Leid,
diese Ungerechtigkeit und Ausbeutung,
die Gier und Herzlosigkeit
der westlichen Welt
ertragen kannst.
Und wir,
wir machen dich noch dafür verantwortlich.
Sagen wir nicht,
wie kann ein Gott der Liebe da zuschauen?
Ja, das frage ich mich auch.
Wie groß muß deine Liebe zu uns sein,
daß du nicht sofort einen Blitz des Zornes
auf alle herunterschleuderst,
die Tag für Tag das Leid und Unheil mehren.
So sehe ich,
daß sogar dieses unermeßliche Leid
Ausdruck deiner Liebe und Barmherzigkeit ist.
Danke, Vater,
daß du warten kannst,
bis wir verstockten Sünder
endlich zur Umkehr finden.
Sei gepriesen für deine Liebe!

Samstag, 10. Jänner 1987

5 Uhr aufstehen.

5.40 Uhr Eucharistiefeier mit den kontemplativen Brüdern. An manchen Tagen feiern sie getrennt Eucharistie und manchmal gemeinsam.

Um 7 Uhr fahren wir nach Manila zurück, um unser Gepäck zu holen, das wir im OHD zurückgelassen haben. Auf der Fahrt zum Flughafen wollen wir noch nach Tondo zu den sogenannten „Smoky Mountains“. Das sind die rauchenden und stinkenden Müllhalden der Zehn-Millionen-Stadt. Auf diesen Müllhalden wohnen Menschen, man weiß nicht, wie viele; vielleicht 5000, vielleicht 10.000, vielleicht

20.000. Wir gehen zu diesen armseligen Hütten. Mir dreht es fast den Magen um. Man stelle sich vor, durch Müllberge zu waten bei 35 Grad im Schatten und 95% Luftfeuchtigkeit. Überall Würmer, Maden, Fliegen... Die Leute, meist Kinder, sortieren aus den Müllbergen wiederverwertbares Material heraus. Der eine ist spezialisiert auf Plastik, ein anderer auf Konservendosen, wieder ein anderer auf Glas usw. Ein kleiner Bub müht sich ab, mit einem Handwagen Kanister mit Trinkwasser aus einem entfernten Stadtteil herbeizuschaffen. Pro Kanister verdient er einen Peso. Während wir an den Hütten vorbei durch die Müllberge gehen, stellt sich mir plötzlich die Frage: Könntest du hier leben? Könntest du mit diesen Menschen das Leben teilen? Könntest du teilhaben an ihrer Ohnmacht, an ihrer Ausweglosigkeit...? Und ich ertappe mich bei dem Gedanken, daß heute nachmittag ein Flugzeug auf mich wartet, das mich nach Hause bringt, wo ich diesem Alpdruck ausweichen kann.

Immer wieder schaue ich auf diese „Müllmenschen". Ärmliche Hütten, zusammengebaut aus dem, was sie aus den Müllbergen herausstöberten. Und doch sind die Menschen sauber und – was noch auffälliger ist: Sie sind fröhlich. Das paßt so gar nicht zusammen. Schau die Menschen bei uns zu Hause an, wo siehst du da so viel leuchtende Augen, so viel Herzlichkeit, so viel Fröhlichkeit? Vielleicht könnten sie uns etwas mitteilen vom Geheimnis ihrer Fröhlichkeit, wenn wir bereit wären, ihre Armut, ihr Elend, ihren Hunger, ihre Ohnmacht zu teilen.

Da uns bis zum Abflug noch Zeit bleibt, führen uns Sr. Lucilla und Father Thomas in ein Freilichtmuseum gleich neben dem Flughafen. Hier sind Häuser zu sehen, wie man sie in den verschiedenen Regionen der philippinischen Inseln findet. Aber ich nehme das alles nicht mehr wahr. Ich gehe wie in Trance durch. Ich sehe vor mir immer noch die Menschen von den Smoky Mountains; Dreck, Gestank, Elend... Ein einziger Aufschrei des Menschen zu Gott. Und doch wiederum die sauberen, fröhlichen Menschen... Das alles läßt mich nicht los. Als wir dann noch in ein Lokal gehen, um ein kleines Mittagsmahl zu verzehren, ertappe ich mich immer wieder, daß ich wie geistesabwesend dasitze.

Dann geht alles sehr rasch.

13.30 Uhr Check-in am Flughafen.
15.10 Uhr Abflug nach Bangkok.

Hier haben wir Fünfeinviertelstunden Zwischenaufenthalt. Hubert will die Stadt Bangkok besichtigen. Ich bin dazu nicht fähig. So bleibe ich allein am Flughafen zurück. Ich muß jetzt meine Gedanken ein wenig ordnen. Alles in mir ist aufgewühlt. So viele Fragen... Ich muß über all das in Ruhe meditieren. Von Ruhe ist hier zwar keine Rede, denn die Transithalle des Flughafens ist überfüllt mit Menschen aller Nationen. Aber dieser Trubel stört mich eigentlich nicht.

Endlich sitzen wir in unserer Maschine, die uns von Bangkok nach Frankfurt bringen soll. Planmäßig sollten wir in Rom zwischenlanden; wegen eines technischen Defektes ist eine weitere Zwischenlandung in Athen erforderlich. Ein langer Flug steht uns bevor, 15 Stunden. Ich lasse die Eindrücke der letzten Tage nochmals an mir vorüberziehen. Aber ich denke auch schon an daheim. Was soll ich den Brüdern und Schwestern berichten? Wie können wir wirklich Partnerschaft entstehen lassen? Ich erinnere mich an ein Erlebnis, das mir vor Jahren zuteil wurde. Wir hatten am Weltmissionssonntag in der Fußgängerzone einen Informationsstand aufgebaut. Da stand z. B. eine Plakatwand mit einem verhungernden Kind. Darunter stand geschrieben: „Jede Sekunde verhungert ein Kind, jeden Tag verhungern fast 90.000 Kinder; und DU bist auch schuld daran." Plötzlich sprang ein Mann auf mich zu und brüllte mich an: „Das ist eine Frechheit! Wieso bin ich schuld daran? Ich habe mir nach dem Krieg meinen Wohlstand redlich erworben! Die Inder oder die Afrikaner sollen das gleiche tun." Es hätte nicht viel gefehlt und der Mann hätte unsere Plakatwand umgeworfen.

Nicht jeder wird so grob reagieren. Aber sitzen nicht in uns allen solche und ähnliche Argumente? Ich dachte darüber nach, was TEILEN wirklich bedeutet. Wir zucken immer zusammen, wenn wir dieses Wort hören, weil wir an das Teilen unseres materiellen Besitzes denken. Aber dies kann nicht der Anfang des Teilens sein. Ich versuchte auf Jesus zu schauen.

Jesus, mein Bruder, sag mir, wie wir teilen sollen.

Und Jesus sagt mir: Schau auf mich, was ich getan habe!

Ich bin Mensch geworden. Ich bin zuallererst in euer Elend, in eure Not, in eure Ohnmacht und Ausweglosigkeit hinabgestiegen, aber ohne es gleich verändern zu wollen. Ich habe es einfach angenommen in meiner Menschwerdung. Ich habe mich meiner göttlichen Vorteile entäußert. Ich habe alles ausgelitten. Das war meine Ölbergstunde. Ich habe gespürt, daß nach menschlichen Maßstäben alles ausweglos und sinnlos ist. Mein Tod wird die Welt nicht von heute auf morgen verändern. Aber das erste darf nicht der Wunsch sein, alles gleich zu verändern, sondern zuerst mußt du alles annehmen, teilen, mitleiden, lieben...

Da ändert sich doch nichts. Aber du teilst die Einsamkeit, die Not, die Ausweglosigkeit eines Menschen; du schaffst Beziehung. Und in dieser Beziehung wächst mein Reich, wo alles geheilt und erlöst wird.

Jesus, ich danke dir, daß du mir dies geoffenbart hast.

Mir fällt ein, daß wir in der deutschen Sprache statt: „Ich liebe dich" auch sagen können: „Ich kann dich leiden." Lieben bedeutet also mit dem anderen mitleiden, mit ihm seine Not durchleiden. Hier beginnt das wahre TEILEN.

Wenn wir in ein Land der Dritten Welt fahren, dann machen wir doch immer den Fehler, daß wir meinen, wir müßten sofort alles verändern. Wir müssen eine bessere medizinische Betreuung für die Bevölkerung herstellen. Wir müssen die Situation der Farmer verbessern. Wir müssen den Fischern einmal tüchtig unter die Arme greifen. Wir müssen...

Jesus ist in diese Welt gekommen und hat zunächst einmal 30 Jahre nichts verändert. Er hat wie jeder andere gearbeitet, hat Armut und ungerechte Strukturen ertragen, hat unter einer römischen Besatzungsmacht gelebt, ... hat eben nichts getan, um Veränderungen herbeizuführen. Und dann, als er seine öffentliche Sendung begann, hat er eigentlich wiederum nichts getan, um konkrete Veränderungen der Systeme oder Strukturen herbeizuführen. Seine Umwelt und auch die Apostel drängten zwar immer darauf. „Wann stellst du endlich das Reich wieder her?" Aber Jesus ließ sich von seiner Haltung nicht abbringen. Am Kreuz kommt noch einmal die letzte Versuchung. „Steig herab vom Kreuz und wir akzeptieren dich als Messias!" Die letzte Chance, etwas konkret verändern zu können. Doch Jesus widersteht. Er weiß, daß der Weg der Erlösung anders verläuft. „*Denn da die Welt auf dem Weg der Weisheit und Vernünftigkeit nicht zu retten war, beschloß Gott, alle, die glauben, durch die Torheit der Verkündigung zu retten.*“ (vgl. 1 Kor 1,21).

Genau diesen Weg des Kreuzes und der Torheit müssen auch wir gehen, wenn wir das Erlösungswerk Jesu fortsetzen wollen.

In vielen Diskussionen bin ich immer wieder mit der Tatsache konfrontiert gewesen, daß die Christen in der westlichen Welt unter der Hilfe für die Dritte Welt immer eine Veränderung nach unseren Maßstäben verstehen. Ich habe früher schon einmal erwähnt, daß es geradezu ein Verbrechen wäre, würden wir den Leuten mit Gewalt ihre Armut nehmen, um ihnen unseren Wohlstand aufzuzwingen. Wir wissen längst, welcher Fluch auf dem Wohlstand liegt, auch wenn viele das noch nicht wahrhaben wollen, weil es ja eine radikale Umkehr des Lebenswandels und der Gesinnung zur Folge hätte. Wir sind ja Sadisten, wenn wir ihnen unsere materialistischen Wertordnungen und Mechanismen aufzwingen wollen. Ein Mann sagte einmal in einer Diskussion, die Farmer seien selber schuld, daß das Land heute nicht mehr ihnen gehört, denn sie haben sich nicht rechtzeitig in die Grundbücher eintragen lassen. In ein Grundbuch trägt sich aber nur dann einer als Besitzer ein, wenn er der irrigen Ansicht ist, Grund und Boden könne man besitzen. Die meisten Völker in der Dritten Welt haben eine viel natürlichere und ehrfürchtigere Beziehung zum Land. Es ist ihnen von Gott und von der Natur zur Verfügung gestellt, daß sie es bebauen, um davon zu leben. Aber Land kann man nicht besitzen. Daher kämen sie gar nicht auf die verrückte Idee, sich in ein Grundbuch als Besitzer einzutragen. Dann aber kommen die Ausbeuter ins Land. Sie entdecken plötzlich so viel Land, das „niemandem(?)“ gehört. Und sie nehmen es in Besitz.

Wir halten es eigentlich gar nicht aus, nichts verändern zu können. Stellen wir uns vor, ein junger Mann oder ein junges Mädchen erklärt sich bereit, ein oder zwei Jahre z. B. in Infanta zu verbringen. Dann kommen sie in die Heimat zurück. Jeder erwartet von ihnen natürlich einen tollen

Projektbericht. Sie sollen vielleicht Musterfarmen errichten, oder sie sollen den Fischern modernere Fangmethoden beibringen. Sie sollen medizinische Stationen errichten, sie sollen Bewässerungsanlagen bauen usw. Was wäre aber, wenn ein solcher Idealist nun in die Heimat zurückkommt und sagt: Ich habe mit den Menschen gelebt, ich habe ihr Leben geteilt. Sie haben mich eine neue Wertordnung gelehrt. Sie haben mich vom Materialismus geheilt. Sie haben mir geholfen, die großen Lügen von unserem privaten Wohlstand zu entlarven. Sie haben mich die Schönheit und Seligkeit der Armut gelehrt...

Da würde man ihm ins Wort fallen: „Und was hast DU getan? Welche Leistungen? Welche Projekte?“

Der junge Mann (oder das Mädchen) antwortet darauf: „Leistung? Ist das keine Leistung, den eigenen Materialismus und Egoismus zu überwinden? Das ist eine größere Leistung als 100 Verhungernden Nahrung zu geben oder zehn Leprakranke zu pflegen. Ich habe zu einer Umkehr des Herzens gefunden. Das ist mein Projekt zur wahren Veränderung der Welt.“

Diese Art von Veränderung der Welt ist die Grundlage einer echten Partnerschaft.

Seit Jahren beschäftigen sich Menschen in Wiener Neustadt mit der Frage der Partnerschaft. Aber oft hatte man das Gefühl, die Bemühungen um die Partnerschaft seien irgendwie festgefahren.

Ich möchte hier nur einen Aspekt dazu anführen, der mir sehr wichtig erscheint. Ich möchte dazu einen Vergleich bringen. Stellen wir uns eine Fußballmannschaft vor, in der alle Mitglieder untereinander zerstritten sind. Beim Training fällt das gar nicht auf. Jeder kann sein privates Konditionstraining in einer Ecke des Fußballplatzes absolvieren. Aber dann beim Match wirkt sich der Mangel an Zusammenhalt katastrophal aus.

So ähnlich kommt mir diese Erfahrung vor, die wir machen, wenn wir uns um Partnerschaft bemühen. Solange wir als christliche Gemeinde nicht herausgefordert sind, kann jeder sein „privates religiöses Trainingsprogramm“ durchziehen. Wenn die Leute in der Kirche beziehungslos nebeneinandersitzen, kann man noch nicht genau sagen, ob Gemeinschaft da ist oder nicht. Aber wenn eine konkrete Herausforderung an die Gemeinde herantritt, muß sie sich bewähren. Und da wird schnell offenkundig, welche Werte da sind oder nicht.

Wenn wir in unseren Gemeinden von Partnerschaft sprechen, dann verstehen die meisten Menschen darunter die Unterstützung von Hilfsprojekten, das Geben von Geldspenden usw. Zu einer wirklichen Partnerschaft sind wir nicht fähig. Viele Menschen fragen, warum man eine Beziehung zu den Filipinos herstellen solle; die Menschen wohnen doch 10.000 Kilometer entfernt, haben eine andere Sprache, eine andere Kultur, eine andere Mentalität... Ich möchte dem entgegenhalten, daß unser Nachbar, mit dem ich Tür an Tür wohne, was die Beziehung anbelangt, genauso 10.000 Kilometer und noch mehr entfernt ist, seine Mentalität erscheint mir genauso fremd wie die der Filipinos, und wir sprechen offensichtlich eine andere Sprache, weil wir bis jetzt noch kein Wort miteinander geredet haben. Ist das nicht die traurige Situation in unseren christlichen Gemeinden? Wenn uns schon vom Nachbarn riesige Entfernungen trennen, dann dürfen wir uns nicht wundern, wenn uns von den Filipinos so vieles trennt. So decken die Schwierigkeiten mit der Partnerschaft jene unheilen Zustände in unseren Gemeinden auf, die latent vorhanden sind, die wir aber oft nicht wahrhaben wollen. Erst wenn langsam eine Partnerschaft zu unserem allernächsten Menschen entsteht, eine Solidarität, eine wirkliche Einheit, dann wird uns die Partnerschaft mit den Filipinos fast wie von selbst gelingen. Insofern ist es sehr heilsam für uns, daß uns diese „Partnerschaftsunfähigkeit" einmal richtig bewußt wird.

Wir können in unserem Verständnis von der Partnerschaft nur vom Bild des mystischen Leibes Christi ausgehen. *Wenn ein Glied leidet, leiden alle Glieder mit.*" (1 Kor 12,26), sagt Paulus. Wenn wir aber nicht einmal mit unserem Allernächsten mitleiden, wieviel weniger mit Menschen, die tausende Kilometer entfernt sind und von denen wir auch noch durch sprachliche und kulturelle Barrieren getrennt sind.

So mancher hat mir schon gesagt, Partnerschaft sei etwas Verrücktes. Und ich denke, das ist ein gutes Zeichen. Wir haben nämlich Zeugnis zu geben vom TRAUM DES

VATERS, der eine Familie von Brüdern und Schwestern begründen will. Eine Partnerschaft zwischen Menschen, die einander in vieler Hinsicht fremd sind, wäre ein ganz starkes Zeichen für diese **eine** Familie Gottes, die ja bereits begonnen hat. Dieses Zeichen sollte sagen: „Seht! So wie wir mit den Filipinos in einer ganz neuen Weise Geschwister geworden sind, so will Gott uns alle als Geschwister in seiner Familie zusammenführen."

Es gibt seriöse und glaubwürdige Berechnungen, die behaupten, daß die Probleme der Dritten Welt nahezu mit einem Schlag gelöst wären, wenn die Industrieländer ihren Lebensstandard nur um 10% (!) verringern würden.

Diese und viele andere Gedanken kreisen in meinem Kopf und in meinem Herzen, während wir auf dem langen Flug nach Hause sind. Ich höre auch schon die übervernünftigen Rationalisten, die mich fragen werden, ob sich eine solche Investition von fast 20.000 Schilling lohne, wenn man nur zwei Wochen dort bleiben kann. Es ist schrecklich, daß wir den Wert von solchen Aktivitäten nur in Geld messen können. Wie soll ich beweisen, daß die tiefe Betroffenheit, das theologische Umdenken, die starken neuen Impulse, die ich während meiner Reise empfangen habe, 20.000 Schilling wert sind?

Bischof Labayen wird wegen seines mutigen Eintretens für die Armen und Entrechteten sowohl von kirchlichen Kreisen wie auch von Politikern und den Militärs sehr kritisch betrachtet (und auch oft als Kommunist bezeichnet). Er sagte uns, daß wir gar nicht ermessen können, welche Rückendeckung für ihn Besuche aus dem Ausland bedeuten. Ein Mann, an dem das Ausland solches Interesse zeigt, der ist unangreifbar geworden. Das ist ja auch die Methode von Amnesty International oder CSI, daß sie politische Häftlinge im Ausland bekannt machen. Es genügen schon ein paar Bittbriefe an führende Politiker, und diese Häftlinge werden freigelassen, weil diese Politiker sehr ängstlich auf ihr Image bedacht sind. Wie kann man also diese moralische Unterstützung, die wir Bischof Labayen durch unseren Besuch vermittelten, in Schilling messen? Das sind so primitive, materialistische Feststellungen, daß man sich damit nicht einmal auseinandersetzen soll.

Es war für uns eine eigenartige Erfahrung, daß die Filipinos sehr betroffen und erfreut waren, als wir ihnen erzählten, daß viele Brüder und Schwestern während der kritischen Tage im Februar 1986 für sie gebetet haben. Die Tatsache, daß wir für sie gebetet haben, hat sie mehr gefreut als die Geldspenden, die wir ihnen sandten, obwohl sie diese Unterstützung auch sehr notwendig hatten. Aber hier offenbart sich doch immer wieder unser abgrundtiefer Materialismus.

Während ich diesen Gedanken nachgehe, vergeht die Zeit, und so erreichen wir mit eineinhalb Stunden Verspätung Frankfurt. Unser Anschlußflugzeug nach Wien ist längst abgeflogen, und es beginnt wieder ein Wettlauf mit der Zeit, um möglichst bald einen Platz in einer Maschine nach Wien zu bekommen. Nach vielen Umständen und Schwierigkeiten gelingt es uns dann, um 12.55 Uhr einen Platz in einer Lufthansa-Maschine zu ergattern. Um 14.20 Uhr erreichen wir Wien-Schwechat.

Von +30 Grad in Manila geraten wir in −14 Grad hier in Schwechat. Mit unseren Sandalen und dünnen Hemden sind wir nicht ganz winterfest ausgerüstet. Doch die Brüder und Schwestern, die uns abholen, haben an alles gedacht und halten warme Kleider für uns bereit.

GEIST DER LIEBE,
GEIST DER KIRCHE,
GEIST DER EINHEIT,
GEIST DER ECHTEN PARTNERSCHAFT,
falle auf uns herab!

Durchdringe uns, bis wir endlich begreifen, was KIRCHE ist. Erleuchte uns, daß die Frohbotschaft Jesu nicht nur in unsere Köpfe, sondern auch in unsere Herzen eindringt. Erfülle uns mit Herzlichkeit, Vertrauen, Brüderlichkeit, Bereitschaft zum Teilen, Fähigkeit zum Mitleiden und vor allem mit einem tiefen, unerschütterlichen Glauben an die

Siegermacht Jesu, der gekommen ist, sein Reich zu errichten,
das Reich der Wahrheit und der Liebe,
das Reich der Gerechtigkeit und des Friedens.

Ihm sei Ehre und Lobpreis
in alle Ewigkeit!
Amen.

Herbert Prem

EINE KIRCHE AUS ERDE UND GRAS

Arbeitseinsatz im Andenhochland von Peru

Liebe Brüder und Schwestern!

Besonders in den letzten Jahren durften wir eine befreiende Erfahrung immer mehr erkennen und auch erleben: Wir Menschen können nicht aus uns selbst und in uns selbst zu wirklichem Leben gelangen! Denn in der Vielfalt alles Geschaffenen sind wir Menschen nur ein Teil und jeder einzelne Mensch wieder nur ein kleines, buntes Steinchen im Mosaik des Schöpfungsplanes. Und alles braucht und bedingt einander! Das Gewebe des Lebens ist auf Ergänzung angelegt, ein Teil auf den anderen angewiesen.

Den Sinn unseres Lebens lernen wir begreifen, wenn wir uns nicht mehr selbst als Mittelpunkt betrachten, sondern unseren Platz im Ganzen erkennen können, an den wir gestellt sind, unsere Aufgaben sehen und annehmen, die uns von Gott auf Grund unserer besonderen Gaben zugeteilt sind. Darin liegt auch der „letzte Sinn" unseres Lebens begründet. Daß wir nichts aus uns selber, aber alles in Gott sind!

Von ihm gehen wir aus, der dieser Welt seinen liebenden Schöpferatem eingehaucht und damit die tote Materie in lebendige Beziehung gebracht hat. Nach ihm sehnen wir uns, bis er uns eintreten läßt in seine Vollendung und Einheit, wenn sich die Zeit erfüllt hat, die er uns zugemessen hat. Aus seiner Kraft leben wir, und es ist sein liebender Geist, der uns treibt, unser Leben mit den Mitmenschen zu teilen. Denn er hat sich in uns geteilt und in der Hingabe seines Sohnes den Weg zu „seinem Reich“ gewiesen. Wenn wir ihm nur Raum geben in uns, dann „gehen uns die Augen auf“. Wir dürfen erkennen, wie wunderbar für uns gesorgt ist. Er kleidet uns „wie die Lilien auf dem Felde“ und nährt uns „wie die Vögel des Himmels“ durch alles Leben, das uns umgibt, das uns hält und trägt und birgt. Das macht uns staunen, läßt uns in Ehrfurcht nehmen mit dem rechten Maß und spüren, daß wir uns selbst zurückgeben müssen, um zu befruchteter Einheit zu gelangen, um – gemeinsam mit der ganzen Schöpfung – zu der einen Menschheitsfamilie zu reifen.

Immer klarer kommt uns zum Bewußtsein, daß wir die wesentlichen Impulse für unser Leben durch andere Menschen erhalten haben, in denen uns sein Geist begegnet ist. Sie haben uns herausgefordert, für „sein Reich“ einzutreten und sein Leben in der Welt zu wagen. Beim Frühjahrstreffen für die Arbeitseinsätze in der Dritten Welt haben uns die Teilnehmer einen klaren, gangbaren Weg gezeigt und uns ein großes Stück mitgenommen.

Im August sind wir dann aufgebrochen nach Peru, um von der Betroffenheit und dem Reden über die Not der Menschen in den Entwicklungsländern zum Tun zu kommen. Wir haben gegeben und eingebracht, wozu wir fähig waren, und mußten erkennen, daß wir reicher beschenkt nach Hause zurückgekehrt sind.

Dafür sind wir dankbar und wollen die Eindrücke und Erfahrungen dieser fruchtbaren Wochen, eine „Fülle des Lebens“, im Teilen weitergeben.

Jänner 1988 — Herbert und Herta Prem

Projekt

Bau einer Kleinstromanlage aus Wasserkraft im Dorf Ocshapampa auf 3600 m Höhe im Andenhochland von Peru.
Leistung: etwa 6 bis 8 kW.
Bestehend aus:
- Reinigungsbecken (etwa 1,2 m Breite mal 3,5 m Länge) mit eingebauten Schwemmgittern;
- Druckrohrleitung (Länge etwa 110 m, Höhendifferenz etwa 70 m);
- Turbinenhäuschen aus Lehmziegeln;
- Betonfundamente für den Aufbau der Peltonturbine und des Generators.

Zum Betrieb:
- Getreidemühle;
- gemeinsame Dorfkochstelle;
- Antrieb verschiedener Handwerksmaschinen in Form einer Gemeinschaftswerkstätte;
- Licht in den Häusern.

Ziel:

Die Lebensmöglichkeiten in Orten auf dem Land zu verbessern, um der Abwanderung, besonders der Jugend, in die großen Städte entgegenzuwirken.

Teilnehmer

Konrad Piok	– Leiter der Gruppe etwa 43 Jahre, Erzieher, Axams, Tirol
Bonifaz Höller	– technischer Leiter, Hydrauliker, etwa 25 Jahre, Klausen, Südtirol
Martha Sölva	– etwa 26 Jahre, Beamtin, Kaltern, Südtirol
Franz Ambach	– etwa 26 Jahre, Landwirt, Kaltern, Südtirol

Monika Pfeifer	– etwa 23 Jahre, Beamtin, Leifers, Südtirol
Helmut Illy	– etwa 26 Jahre, ÖBB-Beamter, Wien
Josefine Spitaler	– etwa 22 Jahre, Beamtin, Eppan, Südtirol
Egon Andreaus	– etwa 22 Jahre, techn. Ang., Magreid, Südtirol
Herta und Herbert Prem	– 42 und 46 Jahre, Hausfrau und Lehrer, Oeynhausen, Niederösterreich

Allgemeine Informationen über Peru

Geographie

Peru liegt im Westen Lateinamerikas an der Pazifikküste. Mit 1,285.000 km² ist es etwa 15mal so groß wie Österreich. Es hat 20 Millionen Einwohner. Davon sind 40 Prozent Indios – vorwiegend im Andenhochland, im Tiefland des Amazonas und in den Slums der Städte, 45 Prozent Mestizen – in den Küstengebieten und zwölf Prozent Weiße – als Oberschicht in den Städten lebend.

95 Prozent sind Katholiken.

Die Hauptstadt Lima ist die wichtigste Industriestadt des Landes. Hier lebt fast ein Drittel der gesamten Bevölkerung, die Hälfte davon in Slums. Noch immer strömen monatlich Tausende von Arbeitsuchenden in die Hauptstadt und verelenden in Kriminalität, Prostitution und Hoffnungslosigkeit.

Peru hat eine grandiose Landschaft in drei ausgeprägten, extrem verschiedenen Regionen. Das Gebirge der Anden durchzieht das Land von Nord nach Süd und teilt sich in die Cordillera blanca mit ihren eisbedeckten Gipfeln bis fast 7000 m (Huascaran 6768 m) und die Cordillera negra bis etwa 4800 m, wo in Höhen von 3600 m noch Ackerbau betrieben wird und Hochweiden bis über 4000 m genutzt werden. An der Pazifikküste verläuft ein Wüstenstreifen von mondähnlichem Charakter, 30 km bis 120 km breit, nur von Flußoasen unterbrochen, die mit Hilfe von Bewässerungsanlagen intensiv genutzt werden. Im Nordosten hat Peru Anteil am Urwaldgebiet des Amazonastieflandes.

Geschichte und Politik

Nach dem Zusammenfinden der peruanischen Kulturen vor der Jahrtausendwende erreichten diese im Inkareich – 15. Jh. – ihre Hochblüte.

Mit der Eroberung durch die Spanier 1532 wird Peru spanisches Vizekönigreich, bis es 1821 seine Unabhängigkeit verkündet und unter dem Freiheitskämpfer Simon Bolivar in der Schlacht von Ayacucho diese auch erringt. Doch die grundlegenden Feudalstrukturen der Ausbeutung in Zwangsarbeit und Unterdrückung der sozial schwachen Bevölkerungsschichten setzen sich im Großgrundbesitz fort.

Mit dem 20. Jh. beginnt ausländisches Kapital die Wirtschaft vollständig zu beherrschen, weil die einheimische Elite in Politik und Wirtschaft eine rücksichtslose Industrialisierung betreibt, die nur einer kleinen Oberschicht Vorteile bringt, aber ganz auf Kosten der Armen geht.

1968 wird der Präsident Belaunde Terry gestürzt.

Man bemüht sich in einer Agrarreform, Land an die Kleinbauern aufzuteilen. Durch die ständig wechselnde politische Situation, wirtschaftliche Abhängigkeit, Korruption, Erdbeben und schlechte Ernten bleibt aber der Bodenreform auf breiter Basis der Erfolg versagt. Die guten Böden konzentrieren sich noch heute in den Händen einiger weniger.

Peru ist gegenwärtig eine präsidiale Republik. Der frei gewählte Präsident Alán Garcia Perez hat ein schweres Erbe übernommen: Hohe Auslandsverschuldung und Inflation, lähmender Zentralismus zugunsten der Hauptstadt und die Konzentration von wirtschaftlicher und politischer Macht in den Händen weniger. Er hat 1985 die Rückzahlung der Auslandsschulden auf zehn Prozent der Exporterlöse beschränkt und bemüht sich – gegen viele andere Kräfte im Land – um die Respektierung der Menschenrechte und eine Politik, die auf die sozial Schwachen ausgerichtet ist.

Wirtschaft und Soziales

Den Reichtum Perus an Bodenschätzen haben bereits die Spanier geplündert. Sie nutzten die Arbeitskraft der Indios, die in Zwangsarbeit unter unmenschlichen Bedingungen in den Minen starben und ihre Felder zurücklassen mußten, die in der Folge verödeten. Der unermeßliche Silberstrom, der sich aus dem „Goldland Peru“ über Spanien nach Europa ergoß und die Finanzierung des Frühkapitalismus ermöglicht hat, wurde mit der Ausrottung von zwei Drittel der auf acht Millionen geschätzten Indios – innerhalb nur eines Jahrhunderts – bezahlt. Zu Beginn des 19. Jh. entdeckte man auf den regenarmen Küsteninseln meterdicke Schichten von Vogelmistablagerungen – phosphorreichen Naturdünger – Guano. Mit der Entdeckung der synthetischen Düngemittel in Europa wurde der Guano dann vom Weltmarkt verdrängt.

Das Abfischen der riesigen Fischschwärme, die im Gefolge des kalten Humboldtstromes an der Küste vorbeiziehen, machte ab 1947 Peru zum wichtigsten Fischfangland der Welt. Die Anchovetas, zu Fischmehl verarbeitet, mästen als proteinstarkes Kraftfutter die Hühner und Rinder der Industrienationen.

Ab 1968 wurden die Schlüsselindustrien, bis dahin in ausländischer Hand, in Landeseigentum übergeführt. Nur der Fischfang, wichtigster Devisenbringer, blieb bis 1972 in Besitz eines amerikanischen Unternehmers. Ein Jahr später aber blieben die Netze der jetzt peruanischen Fischfangflotte leer. Der kalte Humboldtstrom wurde von einer wärmeren Meeresströmung überlagert, und die Anchovetas blieben aus.

Heute produziert Peru Rohstoffe – vor allem noch Erze, Metalle und Mineralien, auch Erdöl wurde in letzter Zeit entdeckt – für die Industrienationen. Die Förderung und Gewinnung dieser Rohstoffe aber verlangt bessere bzw. neue technische Investitionen, weil sich die Erze immer tiefer in die Berge verkriechen oder überhaupt neue Industrien aufgebaut werden müssen. Die Maschinen dazu werden von den Industriestaaten gerne geliefert – zu immer höheren Preisen und steigenden Zinsen für die erforderlichen Kredite. Die Rohstoffpreise aber sind im Zeitraum der letzten 25 Jahre auf ein Viertel der ursprünglichen Höhe gedrückt worden. Diese groben Zusammenhänge erklären dann auch die hohe Auslandsverschuldung und die Zahlungsunfähigkeit.

Um die Rückzahlung neuer Kredite sicherzustellen, macht deshalb der IWF (Internationale Weltwährungsfonds) bei Gewährung neuer Kredite drastische Auflagen zur Kürzung der Staatsausgaben: Weniger Geld für Gesundheit und Schulen, weniger Sozialleistungen und Löhne, Streichung von Nahrungsmittelsubventionen, eine Abwertung der Währung u. a. Damit werden die Importe teurer, die Exporte noch billiger!

Die Inflationsrate betrug im Jahr 1986 63 Prozent, 1987 waren es 300 Prozent. Der Minimallohn von öS 500,– pro Monat reicht bloß zum Kauf der Lebensmittel für eine Woche. Ein Viertel aller Familien hat nicht einmal diesen Betrag zur Verfügung.

Die Armen zahlen, damit im Land eine kleine elitäre Oberschicht feudalistisch leben kann und wir Industrienationen weiterhin billige Rohstoffe zur Verfügung haben, um unseren aufgeblähten Lebensstandard aufrechtzuerhalten.

Lateinamerika blutet aus „offenen Adern“, seit der erste Europäer seinen Fuß in diesen Kontinent gesetzt hat.

Wir dürfen die Augen vor diesen Tatsachen nicht verschließen! Besonders wir Christen müssen uns verantwortlich fühlen, einen Teil dieser gemeinsamen Schuld abzutragen!

Tagebuchaufzeichnungen

über den Arbeitseinsatz in Ocshapampa im Andenhochland von Peru – August 1987

Die Aufzeichnungen sind ganz spontan und aus dem unmittelbar Erlebten gemacht worden; am Abend im Schlafsack, auf der Reise in Flugzeug und Bahn und viel auch während des Tages, neben der Arbeit auf dem Knie geschrieben.

Die vielen Eindrücke – das „Neue, andere", das uns weit weg von „zu Hause" begegnet ist –, haben sich im Laufe der Wochen zu einem Bild geformt, das wir „heimgebracht" haben in unsere europäische Wirklichkeit und das uns zu neuem Aufbruch befruchtet hat:

Sonntag, 2. August 1987

Wir haben bereits am Freitag alles gepackt. Die fünfzehn gestrickten Decken, die wir vom Vikariat mitnehmen, hat Herta schon Anfang der Woche von Wiener Neustadt geholt und in einige große Säcke verpackt. Samstag haben wir uns noch von den Schwiegereltern verabschiedet. Sonntag vormittag übergeben wir unser Haus und den Garten in die Obhut unserer Kinder, und unser Sohn Andreas fährt uns am Nachmittag mit allen Gepäckstücken zum Bahnhof in Baden. Abfahrt 16.41 Uhr – bis Meidling – Taxi zum Westbahnhof, Andreas hilft uns noch ausladen – Abfahrt 18.00 Uhr nach München – Ankunft 21.30 Uhr.

Nach guter, unterhaltsamer Fahrt mit Helmut werden wir in München von Monika und einem „Herrn, ganz in Weiß" bereits erwartet und mit einem Taxi etwas außerhalb Münchens gebracht. Bonifaz ist auch bereits hier. Wir finden wunderbar gastliche Aufnahme bei den Bekannten von Monika und übernachten in einem gemütlichen Mansardenzimmer, umgeben von Antiquitäten wie in einem Schloßmuseum. Monika berichtet, daß Franz und Martha, Fini und Egon ebenfalls schon in München sind und bei Verwandten nächtigen.

Montag, 3. August 1987

Wecken 9.00 Uhr – ungeheuerliches Sauwetter! – herrlichstes Frühstück, das wir in vollen Zügen genießen. Wer weiß, wie lange es uns noch so gut geht? Um 11.30 Uhr sind wir bereits am Flughafen. Alle sind eingetroffen, wir freuen uns! Das zusätzliche Gepäck (3 Säcke mit Decken, 1 Paket Trockenmilch) macht keine Schwierigkeiten, aber die Abfertigung verzögert sich, und zum Abflug wird es äußerst knapp. Doch um 13.35 Uhr sind wir alle wohlbehalten in der Luft. Wir fliegen zum erstenmal. Es ist schon ein faszinierendes Gefühl – dieses ruhige Dahingleiten, hoch über der Erde, die uns sonst festhält (aber auch Grund gibt). Nur ein leichtes Zittern und Vibrieren verrät, welche ungeheuren Kräfte dazu aufgewendet werden müssen. Herta hat nur kurz Angst. Dann bricht die Sonne durch. Wir überfliegen die Alpen, „überspringen" fast einen Kontinent.

Zwischenlandung und Aufenthalt in Barcelona bei großer Hitze.

16.45 Uhr – Der Flug von Barcelona nach Madrid entschädigt uns dafür, denn Spanien liegt wie ein Bilderbuch unter uns. Die Landschaft wechselt wie ein Kaleidoskop in gleichen Grundelementen, aber in ständig sich ändernden Farben und Ornamenten.

In Madrid erschlägt uns die Hitze fast! 39 Grad Celsius im Schatten! Der geplante Stadtbummel endet früh in einem gemütlichen Lokal. Nach einem guten und lustigen Pizzaessen fahren wir mit dem Bus wieder zum Flughafen.

24.00 Uhr – Geisterstunde – Mundharmonika zwischen Wachen und Träumen... Wir fühlen uns wohl, finden es schön und freuen uns, daß wir uns alle so gut verstehen in der Gruppe. Soviel prächtige junge Leute um uns zwei „Alten"... Der nächste Flug wird lang und langweilig werden.

Dienstag, 4. August 1987

Seit 3.10 Uhr sitzen wir in einer DC 10 mit mehr als 300 anderen Fluggästen. Nach unserer Zeitmessung ist es bereits 10.30 Uhr. Aber es wird nicht Tag! Durch die Zeitverschiebung – wir fliegen der untergehenden Sonne nach – dauert die Nacht um sieben Stunden länger!

Irgendwie ist es unfaßbar. Den gigantischen Atlantik, für dessen Überquerung Christoph Kolumbus an die zweieinhalb Monate brauchte, haben wir in wenigen Stunden „überwunden". Aber es war kein Abenteuer – nicht einmal aufregend. Mit dem Fliegen sehe ich es noch deutlicher: Wir Menschen haben bereits „abgehoben" von der Erde und streben mit ungeheurer und ständig sich steigender Geschwindigkeit immer ferneren Zielen zu, ohne zum eigentlichen Erleben zu kommen. Nicht der Weg ist das Ziel, sondern allein unsere menschlichen Wünsche sind unsere Herausforderung.

Doch unser eigentliches „Ziel" liegt nicht in uns und nicht innerhalb unseres Lebens. So hasten wir rastlos weiter.

Eben setzen wir zur Landung in San Huan auf Puerto Rico an. Hier werden wir unsere Uhren umstellen auf die „neue Zeit". Ein Lichtermeer liegt unter uns.

7.00 Uhr nach neuer Zeit. Die Sonne geht auf, und wir starten mit dem nächsten Ziel Bogota. Dort sollen Konrad und Heinz bereits auf uns warten. Wir freuen uns schon auf das Wiedersehen mit ihnen. Unter uns liegt das Meer. Es ist mehr zu ahnen als zu sehen. Dazwischen segeln Wolken in allen Spielformen – wunderbar weiß und wandelbar. Ein Buch meines Lieblingsschriftstellers Hermann Hesse, der die Wolken oft als Weggefährten beschreibt, wandert zu Egon. Vorher ist er bei der Lektüre von „Kafkas Erzählungen" sanft entschlummert. Leider haben wir keinen Fensterplatz. So habe ich die Bucht von Maracaibo versäumt, und das Festland, der südamerikanische Kontinent, liegt bereits unter uns. Ich werde aufstehen, um ihn zu begrüßen, den „großen, neuen Bruder" unserer „alten Welt", und auch mit Bonifaz und den anderen etwas plaudern, bis wir in Bogota landen werden.

10.00 Uhr – Nun sind wir zum letzten Flug in der Luft. Konrad und Heinz sind jetzt auch mit dabei. Mehr als 10.000 m unter uns liegt die „grüne Lunge der Welt", das ungeheure Amazonastiefland – ein samtartiger Teppich, durchzogen von lehmbraunen, verwundenen Flüssen. Wir werden die Anden überfliegen!

In Lima: Die Kleinen Schwestern von Jesus haben uns gastlich aufgenommen. Sie führen hier eine Schule. In einem Klassenraum hat man uns ein Matratzenlager aufgeschlagen. Nun wird es langsam Morgen. Ich habe die Stadt erwachen gehört – die Stimmen der Vögel zuerst, dann die Hähne, die Hunde, und jetzt dringen auch die Geräusche der Menschen herein. Ich sitze im Hof, habe einen Rosenkranz gebetet, dabei an unsere Kinder gedacht, an die Gemeinschaft, in die wir jetzt eingebunden sind, und an die Menschen, denen wir heute begegnen werden.

Herr, ich lobe und preise Dich in dieser fremden und so bedrückenden Stadt! Du guter Herr, Du großer, unendlicher, Du wunderbarer, schöpferischer und schaffender Geist, Du unser Vater und unsere Mutter zugleich! Laß mich Glauben und Geborgenheit finden in Dir, Deiner Güte, Deiner Sorge und Liebe. Du läßt mich diesen neuen Morgen so wunderbar spüren – den Tag, der hell und heller wird und immer geräuschvoller. Einen Tag, der noch nie da war. Einen ganz neuen Tag, den ich erleben und gestalten darf, gemeinsam mit den Menschen, denen ich heute begegnen werde. Laß Deinen Willen geschehen, durch Deinen Geist in meinem Herzen und durch Deine Kraft in meinen Händen!

Dein Reich komme!

Herr, Jesus Christus!

Du Weg der Wahrheit und des Lebens, hast den Menschen Brot gegeben. Brot des Leibes und bist selbst das Brot des unvergänglichen Lebens für uns geworden. Du läßt uns nicht allein auf dem Weg. Denn Du bist bei uns, alle Tage, bis zum Ende der Welt! Begleite uns zu den Menschen, die des Brotes bedürfen, damit Du in Deiner liebenden Hingabe durch uns sichtbar wirst. Amen.

6.00 Uhr – Nun wird es geschäftig um mich. Josefine und Monika wandeln auf den „Pfaden des Notwendigen“, der Padre bürstet an seinen Zähnen, der Gesang und das Beten der Schwestern dringt von der Kirche auf den Hof. Herta hat gut geschlafen.

Gestern, am Flughafen in Lima, hat das Treffen mit Padre Paul gut geklappt. Wir lernten Pablo – einen guten Bekannten von Paul – kennen und fuhren dann mit zwei Autos in die Stadt zum Kloster der Schwestern. Paul liest bei ihnen oft die Messe, wenn er in Lima ist. Das Kloster hier ist eine Oase der Stille, der Ordnung, der Hoffnung und des freundlichen Mutes. Das wird uns nach der Fahrt durch Lima immer deutlicher. Diese Stadt hat uns alle schockiert! Fast ein Drittel der Peruaner lebt hier! An die sieben Millionen! Davon die Hälfte unter unvorstellbaren Bedingungen in den Slums. Monatlich strömen noch immer Tausende von Arbeitsuchenden in die Stadt und enden unweigerlich in Elend und Hoffnungslosigkeit. Durch die hohe Luftfeuchtigkeit – die Stadt steckt von April bis Dezember unter einer ständigen Nebeldecke – ist hier alles von einer klebrigen und schmierigen Schmutzschicht überzogen, und süßlicher Geruch, nach verwesenden Abfällen, erfüllt die Straßen. Manchmal fällt ein entnervender, hauchdünner Sprühregen. Heute noch soll es weitergehen nach Moro, zur Missionsstation von Paul. Die Fahrt wird uns an die 500 km durch die Küstenwüste nach Norden führen. Dazu haben wir uns ein „Collectivo“ gemietet, weil in den Bussen der Autobuslinien kein Platz mehr zu bekommen war. Solche Collectivos sind meist große, ältere Limousinen amerikanischer Marken, die hier in Gebrauch sind. Zu sieben sollen wir mit all unserem Gepäck in solch einem Vehikel Platz finden! Boni, Egon, Fini und Monika wollen in Lima noch Werkzeuge einkaufen, nach der Turbine fragen, die hier gebaut wird, und später mit Pauls „Camionetta“, einem geländegängigen Toyota-Pritschenwagen, nachkommen.

Donnerstag, 6. August 1987 – 16.00 Uhr

Gestern, am späten Nachmittag, sind wir in Moro eingetroffen. Die Fahrt durch die Wüste war ein einzigartiges Erlebnis. Die Trostlosigkeit dieses vollkommen toten Küstenstreifens, 30 bis 120 km breit, durch den die „Pan Americana“ – eine Traumstraße der Welt – führt, hat uns durch einen wunderbaren Wechsel an Farben, Formen und Lichtstimmungen stundenlang fasziniert. Dort, wo die Andenflüsse in das Meer münden, sind fruchtbare Flußoasen eingebettet, wo im scharfen Kontrast zur Wüste alles wächst und grünt und herrliche Frische atmet. Das Wasser bringt die Wüste zum Leben, so wie der schöpferische Geist die tote, isolierte Materie beseelt und in lebendige Beziehung bringt. Im Pfarrhaus des Padre wurden wir von den Vorarlberger und Südtiroler Schwestern, die ihm auch bei seiner seelsorglichen Arbeit helfen, herzlich aufgenommen und bewirtet. Um 22.30 Uhr sind die anderen nachgekommen. Dann sind wir todmüde ins Bett gesunken. Um 3.00 Uhr oder 3.30 Uhr werde ich wach. Ich habe schlecht geschlafen. Mein Bett ist ein harter Bergbuckel, der mich dauernd versucht hat abzuwerfen. Nach einem Rosenkranz für alle Zuhausegebliebenen, besonders die Kinder, gebe ich den Kampf auf, stehe auf und begebe mich auf das Flachdach der Kirche. Moro, mit seinen 2500 bis 3000 Einwohnern, liegt unter mir.

Ein tausendstimmiges Morgenkonzert der Hähne von Moro ist zu hören wie in Stereo. Sie haben sich in zwei Gruppen geteilt, die sich abwechselnd überbieten wollen. Die Stadt bietet keinen sehr erfreulichen Anblick. Es gibt nur wenige festgefügte Häuser mit Dachziegeln, Fenstern und Verputz an den Wänden, rund um die Kirche und das Missionshaus. Am anderen Ende des Kirchen- bzw. Stadtplatzes stehen noch das Gemeindehaus und eine riesig anmutende Markthalle – schauerliche Betonklötze. Alles andere sind Hütten – niedrige Gevierte aus sonnengetrockneten Lehmziegeln mit einer Tür, oben abgedeckt mit Matten, Wellblech oder sonstigem undefinierbarem Material. Wir haben bereits danach gefragt, warum die Menschen hier so „vorläufig“ bauen. Abgesehen von den fast unerschwinglich hohen Kosten für gutes Baumaterial, hat ein Unwetter 1983 die Häuser verwüstet und mit Schlamm überschüttet. Auch das schreckliche Erdbeben von 1970 sitzt den Leuten noch immer in den Knochen. Es bebt hier öfter und erinnert die Menschen an die Vergänglichkeit alles Irdischen. Außerdem gibt es das ganze Jahr über keinen Regen, bis auf wenige Ausnahmen. Warum also feste Häuser bauen? Ich will Paul und die Schwestern noch viel fragen, wie die Leute hier so leben.

Konrad hat mich gebeten, heute die Morgenandacht vorzubereiten. Wir wollen um den Geist bitten, der lebendig macht und unser Handeln bestimmen soll. „Lehre, Herr, uns beten, mach' uns offen und demütig, damit Du uns zeigst, was wir tun sollen."

Frühstück um 7.30 Uhr – reichlich und gut! Kaffee, mürbes Brot, Butter, Milch, Marmelade... Gestern haben wir die Wüste durchquert, heute sind wir im gelobten Land!

Morgenandacht 8.30 Uhr. Wir freuen uns, singen, beten, bitten „Herr, bleibe bei uns"!

9.00 Uhr – Der Padre fährt nach Chimbote. Einige von uns, die Abenteurer, schließen sich an. Sie wollen den großen Hafen sehen, den Fischmarkt, die Fischmehlfabriken, den (im voraus bereits beschriebenen) unbeschreiblichen Gestank erleben. Unsere ersten Nachrichten in die Heimat gehen mit. Konrad kommt bestohlen zurück!

Wir, das sind Herta und ich, Martha, Franz und Monika, bleiben in Moro, um die Stadt kennenzulernen. Diese liegt in einem großen Talkessel, in dem zwei Flüßchen zusammentreffen. Mit Kanälen hat man das Wasser auf Talesbreite verteilt, von dem alle Fruchtbarkeit abhängt. Hier wächst (fast) alles, was man sich wünschen und denken kann: Bananen, Avocados, Yukka, Kartoffeln, Mais, Rosen, Bohnen, Erbsen, Trauben, Papaias und viele andere Früchte, die wir nicht kennen. Wir sehen auf den Kulturen auch Schweine, Hühner, Kühe, Schafe, und dies alles wird in buntester Vielfalt in der Markthalle zum Kauf angeboten. Die Hütten in der Stadt schockieren mich noch immer. Sie sehen von außen fast den Hütten der Slums in Lima ähnlich. Aber wir haben den Eindruck, daß die Leute hier gut leben und sie begegnen uns freundlich. Eine Frau spricht uns an. Sie möchte uns ihren Garten, die „chacra", zeigen. Padre Paul hat sie getraut und ihre Kinder getauft. Voll Stolz führt sie uns in einen paradiesischen Flecken Erde. Ihr Mann arbeitet mit einer Handhaue im Yukkafeld. (Eine Kartoffelart, etwa so groß wie unsere Gurken.) Grüßend winkt er zu uns herüber.

Beim Mittagessen erzählen wir das alles den Schwestern und erfahren, daß es nicht allen Menschen in Moro so gut geht. Das Land ist ungleich verteilt. Viele Familien haben keinen Boden, der ihnen Nahrung gibt. Außer der Feldarbeit für andere gibt es hier kaum Arbeitsplätze. Diese Familien sind ohne Hoffnung, weil sie keine Möglichkeit haben, auf eigenem Boden zu „wirtschaften“ oder mit einem geregelten Einkommen ihr Leben vorausschauend zu planen. Die „Letztversicherung“ sind ihre Kinder – zehn, zwölf und mehr! Doch deren Traum ist die große Stadt! Ihre Endstation sind die Slums der Hauptstadt!

Vor wenigen Wochen ging die Meldung der UNO um die Welt, der fünfmilliardste Mensch sei geboren worden!

Herr, Gott, unser Schöpfer, hilf uns! Alles in Deiner Schöpfung preist Dich in der Schönheit einer wunderbaren Harmonie. Jede Art hat ihr rechtes Maß am rechten Ort, und alles Leben berührt sich. Es nimmt vom anderen und gibt sich selber restlos hin, befruchtet reift es in Gemeinschaft, von Deinem Geist durchströmt, zu Deiner ewigen Einheit hin. Was hast Du nur mit uns Menschen geschaffen, die wir nur nehmen und nichts zurückgeben? Die wir mit unseren Talenten nicht der Schöpfung dienen, sondern anderes Leben in unser Joch zwingen? Unsere Gier und Maßlosigkeit wird die Erde verwüsten und mit unserer Art überschwemmen. In Einsamkeit werden wir auf unserem Planeten sterben, weil uns kein anderes Leben mehr hält und trägt. Und in unseren verhärteten Herzen werden die Angstmauern immer höher wachsen. Herr, Gott unser Schöpfer, hilf uns! Laß uns zurückfinden zu Deinem göttlichen Maß und uns als einen unvollkommenen Teil Deiner Schöpfung erkennen! Laß uns nach Ergänzung streben, damit wir einst in Dir Vollendung finden!

12.00 Uhr – Gutes Mittagessen! Anschließend lädt uns Schwester Maria zum Kaffee ein. Nachher ergibt sich ein Singen mit Herta, Martha und Monika. Auch Franz brummt mit. Die Mädchen singen gern, schön und voll Freude. Das Lied von der Morgenandacht „Lehre, Herr, uns beten“, erfüllt uns noch immer. Dann muß auch die Gitarre her. Wir loben und preisen den Schöpfer und seine Schöpfung: „Laudato si“, den „Sonnengesang“ des Heiligen von Assisi... Ein schöner Tag. Danke, Herr, für diese Zeit der Freude!

Noch vor dem Abendessen wollen wir den Hügel hinter der Stadt ersteigen und uns den Friedhof anschauen.

Morgen muß zwangsweise noch ein Ruhetag eingelegt

werden, weil der Lastwagen zum Transport des Baumaterials erst am Samstag verfügbar ist. Dann aber soll es losgehen. Zum Bauen bleiben uns noch gute drei Wochen. Das müßte ausreichen. Die Anreise soll schwierig werden. Dort wird uns wahrscheinlich eine ganz andere Welt erwarten als hier.

So genießen wir die Ruhe, den Frieden, die Freude und das gute Leben hier im Pfarrhaus noch ausgiebig. Aber ich freue mich schon unbändig auf „oben“!

Freitag, 7. August 1987

Gestern wurde nach dem Abendessen noch eine kurze Besprechung abgehalten. Der Lastwagen wird heute, Freitag, nach Chimbote fahren, um Zement und anderes Baumaterial zu bringen. Am Nachmittag sollen die Druckrohre, die bereits früher gekauft wurden, dazugeladen werden, und Samstag, 4.00 Uhr früh, soll es dann losgehen.

Heute

- Gut geschlafen, weil ich die Matratze ausgewechselt habe.
- Rosenkranz mit Herta gebetet, damit das Werk gelingen möge.
- Helmut hat Bauchinfektion – Brechdurchfall und Fieber!
- 8.00 Uhr – Deutsche Meßfeier mit dem Padre. Mit seiner Predigt schlägt er eine Brücke zu den Indios, denen wir in Ocshapampa begegnen werden.
- Die Leute von Ocshapampa hat man bereits über einen lokalen Radiosender von unserem Kommen unterrichtet. Wir müssen also den Termin Samstag früh einhalten.
- Der Lastwagen ist erst um 11.00 Uhr vormittags nach Chimbote abgefahren! Hier gelten etwas andere Zeitbegriffe als bei uns.
- Paul fährt uns gegen Mittag in seine „chacra“. In einer aufregenden Fahrt über einen wüstenhaften Bergrücken erreichen wir ein grünes Hochtal. Hier hat er einiges Land erworben, das er mit Hilfe von Arbeitern durch Drainagen und Kanäle entsumpft und bewässert hat. Diese Felder liefern ihm die Nahrungsmittel, um seine etwa 35 Inter-

natszöglinge zu versorgen, die hier in Moro die Schule besuchen.

- Am Nachmittag ermöglicht uns Paul den Besuch der nahegelegenen Zuckerfabrik „San Jacinto". Zucker aus Zuckerrohr – ein eigenes Kapitel der leidvollen lateinamerikanischen Geschichte.
- Am Abend beginnt auch Martha zu laborieren. Helmut hat starken Schüttelfrost. Schwester Maria hat bereits gute Medikamente besorgt.

  Jetzt, 20.00 Uhr
- wollen wir auf den Stiegen vor der Kirche noch einige Lieder singen. Vielleicht gelingt es gemeinsam mit der Bevölkerung.

Samstag, 8. August 1987

Um 5.00 Uhr früh geht der Padre durch die Zimmer: „Auf geht's, nach Ocshapampa!" Der Lastwagen war später gekommen, und noch in der Nacht wurden die Rohre, Bretter, Werkzeug und Lebensmittel dazugeladen. Wir pakken unsere Sachen, und nach einem kurzen Frühstück geht es ab. Kurz vor San Jacinto komme ich mit Schrecken darauf, daß ich mein Umhängetascherl mit allem Geld, Papieren und den Tickets unter dem Kopfpolster habe liegen lassen. So bleibt nichts anderes übrig als zurückzufahren! 45 Minuten sind verloren. Das fängt gut an.

Unser Dorf ist über keine Straße erreichbar. Nur ein Fußweg führt von Moro durch das nächstliegende Tal in 14 bis 15 Stunden Gehzeit nach „oben". Aber etwa 50 km südlich führt das Tal des Rio Sechin mit einer schmalen Straße bis auf eine Höhe von 4300 m in die Anden hinauf. Von dort allerdings muß das Material über 700 m Abstieg nach Ocshapampa getragen werden. So sind wir auf der Pan Americana nach Süden unterwegs, um dann bei Casma die Straße in die Berge zu nehmen. Die Fahrt ist ungemein schön. Wir sitzen auf dem Lastwagen. Über der Ladung hat man Bretter und Haltestangen durchgesteckt. In prächtiger Stimmung erleben wir die eindrucksvolle, wechselnde Landschaft wie von einem Aussichtsplatz. Doch unser luftiger

Ausguck beschert uns auch den vollen Fahrtwind, die pralle, strahlende Sonne im Gesicht und rüttelt uns durch, Stunde um Stunde.

Gegen Mittag erreichen wir Purhuas, den letzten größeren Ort vor dem eigentlichen Bergland. Es ist Markttag. Nach einem bescheidenen Mittagessen geht es weiter. An die 3500 Höhenmeter haben wir noch zu überwinden!

Die Fahrt auf die Puna (Ketchua-Höhe) gestaltet sich schwieriger als erwartet. Die schmale Straße erlaubt es meist nur, im Schrittempo zu fahren. Sie führt durch Schluchten und windet sich an den Hängen hinauf. Unser Lastauto mit seinen „urwalderprobten" Chauffeuren ist anscheinend schon zu Beginn am Ende seiner bescheidenen Kräfte. An die 12- bis 15mal müssen wir absitzen und schieben, damit es wieder flott kommt, und einer von uns läuft mit einem Stein als Bremsklotz mit, weil angeblich die Handbremse nicht funktioniert! So vergehen die Stunden. Boni und Franz sind hervorragend in Form. Doch Höhe und Anstrengung machen sich bemerkbar, und unsere Kräfte lassen merklich nach. Herta kann gleich nach dem ersten Schieben mit Paul im Jeep mitfahren, später auch die anderen Mädchen. Vor der Paßhöhe streikt der Motor dann endgültig! Die letzten Stunden sind wir bereits zu Fuß gegangen. Das halbe Material wird abgeladen, der Motor kommt wie durch ein Wunder wieder zum Laufen, und der Lastwagen erreicht eine Höhe von 4000 m, wo zum ersten Mal eine Umkehrmöglichkeit besteht. Die Chauffeure wollen unter keinen Umständen die letzten 300 Höhenmeter mehr weiterfahren. Wir sind aber bereits erwartet worden. Männer und Burschen von Ocshapampa haben seit 8.00 Uhr früh auf der Höhe auf uns gewartet. Einige von ihnen sind dageblieben. Sie entladen das Fahrzeug und transportieren das weiter unten abgeladene Material noch während der Nacht herauf. Auch uns bleibt nichts anderes übrig, als diese Nacht im Freien zu verbringen. Es ist eine klare, windstille, eisige Nacht. Die Temperatur sinkt unter Null. Fast taghell leuchtet der Vollmond. Am Morgen liegt Reif auf dem Gras und den Schlafsäcken. Der Biwaksack hat uns gute Dienste geleistet. Herta hat die Nacht gut überstanden. Ich bin froh darüber. Mich friert lange Zeit, bis ich mich dann doch entschließe, aufzustehen und noch

Socken überzuziehen. Ich habe mich in total verschwitztem Zustand zu spät umgezogen und mich schon etwas unterkühlt in den Schlafsack verkrochen.

Es wird eine lange und kalte Nacht. Und sehnlich erwarten wir die wärmenden Strahlen von „Bruder Sonne".

Sonntag, 9. August 1987

Wie Schatten hocken die Indianer um unsere Schlafsäcke, in ihre Ponchos gehüllt. Sie tragen nur ihre Sandalen (aus Autoreifen hergestellt) an den Füßen. Unsere mitgebrachten Wolldecken kommen auch ihnen sehr zugute.

Um 5.00 Uhr wird es lebendig um uns. Die Männer und Burschen von Ocshapampa – an die dreißig – sind eingetroffen, und ohne Begrüßung geht es nicht. Lachende, freundliche Gesichter: „Buenos dias, Señor!" Zum Händeschütteln müssen auch noch der Arm und die Schulter liebevoll getätschelt werden. Das ist Ausdruck von Verbundenheit und Freude. Für uns aber bedeutet das, sich mindestens zehnmal aus dem wärmenden Schlafsack zu schälen. Noch ist es dunkel, der Mond hat sich zurückgezogen. Dann aber ist die Sonne da! Welch unbeschreibliches, herrliches Gefühl, gewärmt zu werden und aus der Starre zu erwachen!

Schnell sind die Rucksäcke gepackt. Den Eseln werden die Zementsäcke aufgebürdet, und die Indios schultern sogar unser Gepäck. Wir wären auch nicht in der Lage gewesen, viel zu tragen. Helmut hat eine schlechte Nacht verbracht. Er fiebert. Auch Egon, Monika, Heinz und Konrad sind angeschlagen. Im Jeep bringt Paul die Mädchen und einige der Kranken das letzte Stück bis zur Puna auf 4300 m hinauf. Von dort sind es noch etwa drei Stunden Gehzeit bis Ocshapampa. Als besonderes Zeichen ihrer Gastfreundschaft stellen uns die Indios ihre Pferde zur Verfügung, und ich sitze erstmals in meinem Leben auf einem Pferderücken. Ein Hochgefühl, wie wir so gemächlich zur Punka hinaufschaukeln. Fast wie die spanischen Eroberer kommen wir an, nur sicherlich unter anderen Vorzeichen. Sie kamen, um das Gold zu holen (bis auf den heutigen Tag), wir wollen es zurückbringen – wenigstens einen ganz kleinen Teil.

Am frühen Nachmittag treffen wir in Ocshapampa ein, erschöpft von der Anstrengung, der Höhe und vom Flüssigkeitsmangel. Seit gestern Mittag haben wir nichts getrunken!

Nun wird Tee gekocht, der erste Durst gelöscht. Dann gibt es Kaffee und in Fett gebackene Gerstenfladen. Mit Konrad besuche ich noch die Messe, die Paul mit den Indios feiert, dann lege auch ich mich ein Stündchen hin. Paul hat mit Heinz noch die Baustelle besichtigt, und beide sind dann mit Pferden zur Puna aufgebrochen, wo der Jeep steht. Heinz muß aus beruflichen Gründen zurück.

Während des Gottesdienstes hat Paul mit den Leuten des Dorfes auch besprochen, daß wir in einem kleinen Raum der Schule untergebracht werden sollen. Zum Essen wird uns täglich eine andere Familie in ihren Hof einladen.

Mit viel Stroh wird unser Lager auf dem gestampften Lehmboden bereitet – eine königliche Ruhestätte! Gegen Abend treffen wir uns mit der Lehrerin des Ortes zu einer Besprechung. Sie ist Indianerin, stammt aus Huaraz und hat sich für drei Jahre staatlich verpflichtet, die Kinder hier zu unterrichten. Es scheint, daß sie eine sehr tüchtige Frau ist, die im Ort gut eingeführt ist und einiges mitzureden hat.

18.00 Uhr – Abendessen im Haus von Heraklides. Es gibt eine sehr gut (etwas scharf) gewürzte Kartoffelsuppe, Reis und ein Stück Hammelfleisch auf einem Knochen. Mir schmeckt es ganz ausgezeichnet! Den Jungen eher weniger.

Um 18.30 Uhr wird es bereits finster. Früh gehen wir „zu Bett".

Montag, 10. August 1987

Das Frühstück ist für 7.30 bis 8.00 Uhr vereinbart worden.

- Herta und ich stehen um 6.30 Uhr auf.
- „Erfrischende" Morgenwäsche am Bach etwas taleinwärts. Reif liegt auf dem Gras.
- Morgenlob – wir danken, daß wir da sind.
- Herrliches Frühstück! Brot aus Moro ist noch da und Papaiamarmelade und Milch und Kaffee, oder Tee „Aqua di Yerba" in Ketchua, dazu gerösteter Weizen und Mais. (Das trifft aber nicht ganz unseren Geschmack!)

– Konrad strebt eine gemeinsame Besprechung mit allen Männern (34) an, die aber nicht zustande kommt, weil viele noch mit dem Materialtransport von der Puna beschäftigt sind. Es wird noch Tage dauern, bis alles heruntergeschafft ist. Die Druckrohre aus Eternit werden von zwei Männern stundenlang getragen. Oft kommen sie mit blutigen Schultern bei uns an!
– Die Arbeitsplanung ist bald abgeschlossen. Das Reinigungsbecken soll direkt vor der Mauer des Schulhofes gebaut werden. Von dort wird die Druckleitung in das Tal hinunterführen. Neben dem Bach soll ein Häuschen aus Lehmziegeln mit den betonierten Fundamenten Turbine und Generator aufnehmen. Mit Schnur und Höhenmesser wird noch am Vormittag die Rohrleitung vermessen und die Arbeit grob aufgeteilt. Die Indios wollen die Künette für die Druckrohre graben und das Häuschen in der herkömmlichen Bauweise aufstellen. Unsere Arbeit ist die Herstellung des Reinigungsbeckens und der Betonfundamente. Gegen Mittag beginnen wir bereits mit dem Aushub. Sowie die Indios mit ihren Lasten am Nachmittag eintreffen, greifen sie zu Schaufel und Brechstange und helfen uns. Wir sind guten Mutes, weil die Männer so selbstverständlich anpacken. (Konrad hat aus Kolumbien teilweise andere Erfahrungen mitgebracht!)
– Von Anfang an fasziniert uns ihr hervorragendes Gemeinschaftswesen. Ohne ihre Fähigkeit und Bereitschaft zur Zusammenarbeit gäbe es wahrscheinlich auch keine Überlebenschancen für den einzelnen in diesen Höhen. Ein Organisator, der Denienti des Ortes (alle zwei Jahre neu gewählt – des Lesens und Schreibens kundig), hat die Arbeit voll im Griff, die ganz genau und sicher auch gerecht auf die einzelnen Männer aufgeteilt wird. So haben sie auch ihr kilometerlanges Netz von Bewässerungskanälen angelegt, das ihre Felder fruchtbar macht.
– Auch gemeinsam mit uns funktioniert ihre Zusammenarbeit sehr gut. Bis zum Abend ist das Becken bereits halb ausgehoben.
– So zwischen 16.00 bis 16.30 Uhr wird allgemein mit der Arbeit aufgehört. Auch wir machen Schluß, denn es kommt die Einladung zu einem Fußballspiel. Ocshapampa

gegen die Gringos. Das Leben ist wirklich nicht leicht! Wir bringen es mit letzter Kraft auf ein ehrenvolles 5:5. Recht müde kriechen wir nach dem Abendessen sofort in unsere Säcke. Wunderbarer Schlaf!

Dienstag, 11. August 1987

Von Moro haben wir feines, weißes Weizenmehl – fünf bis sechs Säcke – mitgenommen. Konrad hat vorgeschlagen, daß wir damit heute Brot backen sollen.

Herta und ich stehen etwas früher auf als sonst, gehen ein Stück bachaufwärts und pflegen uns gründlich, nehmen eine herrliche Oberkörperdusche mit dem eiskalten Wasser.

Morgenlob: Wir danken dem Herrn für die gute Gemeinschaft, den wunderbaren Morgen und freuen uns auf den Tag.

Das Fußballspiel hat mich doch etwas mitgenommen. Ich bin abgeschlagen und spüre das „ehrenvolle" 5:5 in allen Knochen. Nach dem Frühstück bleiben Konrad und ich zum Backen im Haus des Gastgebers Domenico und seiner Frau Custina Alegri. Konrad hat den Bäckerberuf erlernt und auch einige Jahre als Bäcker gearbeitet, bevor er Entwicklungshelfer wurde. Für mich ist Backen ohnehin mein „tägliches Brot" als Lehrer an einer Berufsschule. Ich bin sehr dankbar dafür, daß ich einen so schönen Beruf ausüben darf. Unter solchen Umständen wie hier habe ich allerdings noch nie gebacken! Mit unzulänglichem Gerät (kaum zu beschreiben), nur so über den Daumen und mit Mehl, das ganz andere Backeigenschaften aufweist als unser heimisches. Um den Backofen kümmert sich der Hausherr selbst. Es wird direkt auf der Herdfläche geheizt und dann gebacken, wie das auch bei uns früher üblich war. Mit der Trockenhefe bereiten wir ein Dampfel, dann kommt die schwere Arbeit des Teigmischens mit der Hand, das Formen der Teigstücke zu unseren Gebäcken (einfache Wecken) ist eine große Belustigung für die Indios. Der Backerfolg läßt meiner Meinung nach etwas zu wünschen übrig. Am Freitag wollen wir wieder backen. Da soll es uns schon besser gelingen.

Nichtsdestoweniger wird das Brot mit viel Freude und Dankbarkeit angenommen und verspeist, denn das Brot aus Moro ist bereits aufgebraucht. Am nächsten Tag soll das Brot an die Familien im Dorf aufgeteilt werden.

Die Arbeit am oberen Becken geht gut voran. Am Vormittag wurde fertig ausgehoben, nachmittags die Sohle grob betoniert und mit dem Aufmauern der Seitenwände begonnen.

Die restlichen Rohre treffen ein, die Künette für die Druckleitung, die von den Indios gegraben wird, macht gute Fortschritte. Nur an einer Stelle bereitet ein großer Felsblock Schwierigkeiten. Die Indios haben von ihrer Arbeit in einem nahegelegenen Bergwerk etwas Dynamit. Am Nachmittag soll gesprengt werden.

Eine wandernde Händlerfamilie kommt mit ihren Eseln in das Dorf. Sie haben Töpfe und Pfannen, auch Tücher, Webwaren... Konrad kauft einen großen Kochtopf für die Gruppe, der auch gleich zum Wasserschütten beim Betonieren verwendet wird. Geschirr ist rar! Nach dem Abendessen stellen wir uns in der Schulklasse neben unseren Räumen die Schulbänke zusammen und spielen einige Runden „Bosch" – ein lustiges Würfelspiel; eine Gruppe spielt „Watten" – die Tiroler Version von Preferance (zumindest kommt es mir so vor). Später als sonst gehen wir schlafen. Die Nacht dauert auch so noch lange genug.

Mittwoch, 12. August 1987

Beim Morgenlob danken wir für das Brot, das uns ganz neu geschenkt ist, und denken an die Hungernden, mit denen wir unser Brot teilen müssen, um selbst zum Leben zu gelangen.

Frühstück im Haus Armandos, dem Nachbarn von Domenico. Wir kennen ihn schon gut von der gemeinsamen Arbeit.

Heute wollen unsere Mädchen und Frauen an der Mauer im Schulhof selbst kochen. Jeder der Männer bringt zum Arbeitsbeginn einige Holzscheite und Eukalyptusreisig mit. Zwei Indiofrauen helfen beim Feuermachen. So entsteht dann unter vielen Schwierigkeiten ein Gemüse-Schwammerl-Erbsen-Reis. Am Abend kochen Herta und Fini. Packerlsuppe, die auch tatsächlich so schmeckt, und der Rest von Mittag wird gewärmt. Wir sind alle nicht voll begeistert von der eigenen Kocherei. Herta schon gar nicht. Sie macht den Vorschlag, wieder zur alten Einteilung zurückzukehren und beim Kochen tatkräftig mitzuhelfen. Allgemeine Erleichterung... Die Speisen, die man uns vorsetzt, sind im allgemeinen recht gut, nur sehr eintönig. Reis und Kartoffeln – Kartoffeln und Reis... ein Stück zähes Hammelfleisch in der Suppe, auch ab und zu ein Spiegelei... Abgenommen haben wir beide trotzdem noch nichts!

Am Reinigungsbecken geht die Arbeit zügig voran. Die Männer des Dorfes graben weiter an der Druckleitung und helfen uns auch bei der schweren Arbeit des Betonmischens. Das letzte Stück der Druckleitung bereitet große Schwierigkeiten. Der Boden besteht hier aus reinem, schieferigem Fels. Stein um Stein muß mit der „Bareta“, der schweren, eisernen Stange, dem Universalwerkzeug der Indios, herausgebrochen werden. Morgen will Boni mit dem Verlegen der Rohre von unten her beginnen.

Eine Runde „Bosch“ beschließt den Tag.

Herta hat sich schon früh schlafen gelegt.

Donnerstag, 13. August 1987

Konrad macht heute die Morgenbetrachtung: Wir danken dem Herrn dafür, daß wir da sein dürfen, gebraucht werden, denken besonders an unsere Lieben zu Hause, die für uns beten und mit uns sind, damit unser Werk gelingen möge.

„Lobet den Herren...“ singen wir in den schönen frischen Morgen hinein.

Herrliches Frühstück! Aus unserem Weizenmehl wurden Fladen in Fett gebacken: „chacangas“. Wir essen sie einmal mit Knoblauch (wie die Langos bei uns), im zweiten Gang mit Papaiamarmelade, die wir aus Moro mitgenommen haben.

Vor dem Mittagessen haben wir die letzten Wände im Reinigungsbecken geschalt und betoniert. Langsam spielt sich die Arbeit ein. Die Zusammenarbeit mit den Dorfbewohnern ist fantastisch. Sie werden die Anlage sicher nicht verkommen lassen, denn es ist ihnen viel daran gelegen. Von der Mühle ist immer wieder die Rede, auch eine Kreissäge könnte damit betrieben werden... Die Grabarbeit am felsigen Stück geht sehr langsam voran. In dem steilen Gelände kann immer nur ein Mann stehen und brechen. So wird häufig abgewechselt.

Monika und Herta haben heute der Familie Armando beim Kochen geholfen. Das Ergebnis war hervorragend! Wir haben gespeist wie im Restaurant! Herta wird es selbst noch näher beschreiben.

Gegen Mittag erhalten wir Besuch. Aus dem Nachbardorf sind zwei Mädchen eingetroffen. Eine davon ist die Lehrerin des Dorfes, die andere Krankenschwester. Sie besucht das Gebiet, um die Möglichkeit eines Gesundheitsprojektes zu prüfen. Beide essen mit uns auch zu Mittag. Sie stammen aus Chimbote.

Herta berichtet vom Kochen:

10.00 Uhr – Das Lammfleisch brodelt schon im Kochtopf am offenen Feuer. Wir schälen Kartoffeln. Immer wieder kommen Nachbarsfrauen dazu und helfen mit. Zeitweise sind wir bis zu sieben Frauen, bis drei Kübel Kartoffeln geschält sind. Ein Kübel kommt zum Fleisch, zwei werden zu „Pommes frites" geschnitten, die auf einer zweiten Kochstelle in Schweineschmalz gebraten werden. Karotten werden gerieben (3 Stück etwa ½ Stunde!), mit Zwiebelröhren geröstet und zur Suppe gegeben. Weiters kommen noch Oregano, zum Schluß sogar Nudeln dazu – alles wird gekocht.

12.30 Uhr – Es wird angerichtet: Der Suppeneintopf, dann die „papa fritas" mit Reis und einem Spiegelei. Ein wahres Festmahl!

Freitag, 14. August 1987

6.45 Uhr – Gestern am Nachmittag konnten wir nicht zügig weiterarbeiten, weil das Ausschalen noch nicht möglich war. So ging es etwas gemütlicher zu. Ich habe gelesen, Mundharmonika gespielt, auch gesungen mit Monika... Die

Frau des Domenico, Custina, hat Herta das Spinnen von Wolle gezeigt. Das ist eine große Kunst, die die Frauen hier beherrschen. Franz und ich sind dann noch vor Sonnenuntergang auf den Hügel hinter dem Dorf gestiegen, um die größte Kaktusart der Welt zu sehen. Der „cauracara“ kommt nur an wenigen Plätzen in Peru und Bolivien auf Höhen um 4000 m vor. Er wird bis zu 14 m hoch und sein Blütenstand besteht aus bis zu 10.000 Einzelblüten. Die Exemplare auf unserem Hügel waren „nur“ an die 10 m. Trotzdem waren wir sehr beeindruckt.

Nach dem Abendessen haben uns noch an die zehn Indios in unserer Behausung aufgesucht. Es wurde ein sehr schöner Abend mit Singen, viel Lustigkeit und zum Abschluß einem gemeinsamen „Vater unser“. Die Indios in Ketchua und Spanisch, wir in Deutsch.

Danke, Herr! Du wirkst an uns das Sprachenwunder. Jeder redet in seiner Sprache, und dennoch verstehen wir uns durch Deinen Geist!

14.00 Uhr – Backen bei Domenico.

In der Früh haben die Männer wieder Holz gebracht. Es soll Brot für den ganzen Ort werden. Domenico hat den Ofen schon angeheizt, das Dampfel ist zubereitet. Nun habe ich etwas Ruhe und Zeit zum Nachsinnen und Schreiben!

Das zweite Schwemmgitter haben wir am Vormittag im Auffangbecken eingesetzt, dann die Wände mit Zement glattgeschliffen. Jetzt am Nachmittag wird Boni eben dabei sein, die Druckrohre zu verlegen. Sicher wird das nicht ganz ohne Schwierigkeiten abgehen.

Herta und ich haben heute gemeinsam das Morgenlob vorbereitet: „Lob der Schöpfung und seinem Schöpfer.“

Noch bin ich ganz erfüllt davon!

Gott, Du guter Herr, wir nennen Dich unseren Vater. Du aber bist unendlicher, wunderbarer, unbeschreibbarer, schöpferischer Geist. Darum vielleicht bist Du so groß und für uns Menschen unbegreifbar, damit wir Dich ein ganzes Leben lang suchen müssen.

Gott, Du guter Herr, wir nennen Dich unseren Vater, denn Du hast uns geschwisterlich vereint mit allem Lebendigen, das Du in diese Welt gezeugt hast. Durch die Menschwerdung Deines Sohnes hast Du uns neu in die

Gemeinschaft aller Menschen hineingestellt und drängst uns, die Menschen aufzusuchen, die wir so leicht als Brüder und Schwestern vergessen, wenn wir uns stark fühlen und es uns gut geht. Du bist es, der uns auf diese Reise geschickt hat, mit der Du uns ganz neue Dimensionen Deiner wunderbaren Schöpfung geoffenbart hast.

Wir danken Dir dafür, und wir loben und wir preisen Dich

- durch Wind und Regen, den wir in Europa hatten;
- mit der Weite des Ozeans;
- den wandernden Wolken, die kommen und vergehen und uns daran erinnern, daß auch wir Wanderer sind und uns ändern müssen auf Dein Ziel hin;
- mit dem Regenwald, der dieser Welt den Atem gibt und der unter seinem Dach eine Fülle von Leben birgt.

Es preist dich Herr,

- dieses wunderbare Land, das voller Gegensätze ist;
- die hohen Gipfel und Bergrücken in ihren unbeschreiblich schönen Farben, die am Abend zu leuchten beginnen.

Es loben Dich

- die reifen Felder, die vom Fleiß und der Arbeit dieser Menschen hier zeugen und ihnen das Brot schenken;
- die würzigen Kräuter, die unseren Speisen Geschmack geben und Nahrung sind für die Tiere.

Die reine Luft preist Deine Klarheit. Sie ist erfüllt mit dem Duft der Eukalyptusbäume. Wir atmen sie, wie Du uns Deinen Geist zuströmen läßt.

Die Eukalyptusbäume preisen Dich, Herr, Sie schenken das Holz. Es wärmt unsere Speisen und macht sie gar, bäckt uns das Brot, das sich weiterschenkt an uns, damit wir das Leben haben. Deine wunderbare Sonne preist Dich, Herr. Sie ist Dein Abbild an Liebe und Güte, wenn sie unseren Weg erleuchtet und ihre Wärme uns löst und befreit von der Kälte und Starre der Nacht.

O Herr, guter Vater!

Du bist gespriesen in dem arbeitsamen und freundlichen Volk, das bei der Arbeit lacht und uns aufnimmt in ihrer Mitte als Brüder und Schwestern. Wenn wir in ihren Höfen sitzen und die Nacht kommt, dann sehen wir auch Deine Lichter am dunklen Firmament, die Klarheit Deiner Sterne im unendlichen Raum, der von Deinem Geist durchdrungen ist. Dein Geist wohnt auch in uns, findet Raum in der kleinsten Zelle und erfüllt uns mit lebendigem Leben, wenn wir ihm Platz gewähren – das Leben um uns leben lassen.

O Herr, Du unser guter Vater!

Du hast alles Leben so geschaffen, daß es aufeinander angewiesen ist, daß alles Lebendige das Leben nicht aus sich selbst hat, sondern ihm das lebendige Leben vom anderen, letztlich von Dir allein zukommt, wenn wir uns selbst dienend weiterverschenken.

Herr, wir bitten Dich!

Laß Dich in Deiner Schöpfung immer mehr erkennen, daß wir mit allem, was da lebt, wie Brüder und Schwestern verbunden sind, füreinander geschaffen, uns in Liebe zu dienen.

Dann haben wir den Sonnengesang des hl. Franz von Assisi gesungen.

Froh und in dankbarer Freude hat dieser Tag begonnen.

17.00 Uhr – Konrad hilft mir beim Teilen und Formen des Teiges. Dieser zeigt heute gute Eigenschaften. In unseren Händen spüren wir sein Leben, das ihn zur Reife bringt, ihn lockert und durchlässig macht für die Hitze des Backofens. Das Brot kommt spät aus dem Ofen. Es schaut recht vielversprechend aus.

Für heute ist die Arbeit beendet. Es herrscht große Freude! Elf Druckrohre sind bereits verlegt! Morgen ist Feiertag – Maria Himmelfahrt –, und am Sonntag wird auch nicht gearbeitet. Das sind ja schöne Aussichten!

Bei der abendlichen Besprechung halten wir Rückschau... sind ganz zufrieden.

Morgen, nach dem Frühstück, wollen wir in der Kirche Wortgottesdienst feiern, dann das Brot unter den Familien im Dorf verteilen. Nach dem Mittagessen haben sich die Musiker des Dorfes angekündigt. Im Schulhof, vor unserer Behausung, wollen sie uns aufspielen; Musik, die hier zu Hause ist. Wir freuen uns schon darauf.

Sonntag ist ein Ausflug geplant zur „Laguna“, einem kleinen See, der auf mehr als 4000 m Höhe liegt. Vom Bergrücken dahinter soll man bereits die weißen Schneegipfel der Cordillera blanca sehen können. Am Abend, um 19.30 Uhr, ist ein gemeinsamer Wortgottesdienst mit den Leuten von Ocshapampa geplant. Guillermo, der Katechist des Dorfes, wird ihn leiten, Konrad übersetzen.

Mit lustigen Tischspielen geht der Tag zu Ende.

Samstag, 15. August 1987

Feiertag: Maria Himmelfahrt

Monika ist krank. Sie fiebert stark, hat Kopfweh, wahrscheinlich eine Grippe. Wir geben ihr Influbene und Penicillin.

10.00 Uhr – Wir feiern in der Kirche: Singen ein Marienlied. Konrad liest das Evangelium nach Lukas – Magnificat –, wie Maria über die Berge zu Elisabeth geht, mit dem Friedenskind unter dem Herzen. Er vergleicht dann in sehr schöner Weise mit unserer Situation, die wir ja auch mit Mühen über die Berge gekommen sind, um den Menschen hier unsere Hilfe zu bringen, und bittet, daß die ganze Kirche immer mehr zu einer dienenden unter den Armen, Hungernden und Ausgebeuteten werden möge. Unsere Bitten stellen wir an diesem Tag ganz unter den Namen der Gottesmutter. Sie möge uns mit ihrem Leben Vorbild sein und auch uns zu Demütigen, Glaubenden, Hoffenden, Liebenden – uns offen – machen, damit wir, von Gottes Geist erfüllt, als seine Werkzeuge sein Reich des Friedens in der Welt erbauen.

11.00 Uhr – Vor der Schule wird das Brot verteilt. Die Männer stehen im Kreis um den Brotkorb. Konrad beginnt zu reden. Er predigt über das „Wesen des Brotes“, vom Weizenkorn, das stirbt und hundertfältige Frucht bringt, dem Korn, das gemahlen wird, zum Brot wird, das sich hingibt, um gegessen zu werden. Es stirbt, damit wir das Leben haben. Geheimnis des Brotes in der Eucharistie. Die Männer nicken vielfach. Sie können leichter begreifen als wir, die vom Übermaß geprägt sind, denn sie sind durch ihr Leben eingebunden in Aussaat und Ernte, Werden und Vergehen, Geburt und Tod, dem Übergang zu neuem Leben.

„Vater, unser tägliches Brot gib uns heute...“, beten wir dann noch gemeinsam.

Andächtig, fast feierlich, tritt jeder vor zum Brot, um sich seinen Teil zu nehmen.

14.00 Uhr – Die „Banda" spielt auf.

Peruanische Rhythmen mit Geige, Flöte – Genna, Mandolin und drei Gitarren. Nach und nach finden sich auch die Leute des Dorfes ein. Die Lehrerin und ein Bursch tanzen. Die Bewegungen sind den stampfenden Tänzen mit leicht vornübergeneigtem Oberkörper der nordamerikanischen Indianer vergleichbar. Die Musik ist rhythmisch, synkopisch, die Melodien scheinen fast alle gleich, werden in unendlicher Wiederholung gespielt.

Gegen Abend können wir uns der Einladung zum Fußballspiel kaum entziehen und spielen fast eine Stunde! Das Leben ist ganz schön hart, auch an Feiertagen!

Ein Brief von Paul ist mit einem Boten von Moro eingetroffen. Er schreibt, daß er Boni am Dienstag an der „Punta carretera", dem Punkt, wo die Straße beginnt, mit dem Auto erwarten wird. Bis dorthin wird Boni mit Pferd und zu Fuß unterwegs sein.

Nächste Woche, so fürchten wir fast, wird uns die Arbeit nicht sehr jagen, denn Boni kann nach dem Einkauf in Lima frühestens am Samstag zurück sein! Vorausgesetzt, die Turbine ist, wie zuletzt versprochen, am Mittwoch in Lima abzuholen. Auch das Verbindungsstück von der Druckleitung zur Turbine muß mit dem richtigen Winkel nach den Angaben von Boni in Lima noch angefertigt werden. In der letzten Woche aber wird sich einiges drängen!

Montag, 17. August 1987

Boni geht morgen um 5.00 Uhr früh nach Moro hinunter und von dort mit Paul nach Lima. Vor dem Wochenende kann er kaum zurück sein, auch wenn alles glatt geht. Gestern, beim abendlichen Wortgottesdienst, haben die Leute von Ocshapampa besonders für ihn gebetet, daß er gesund und mit allem Notwendigen zurückkommt.

Vor dem Abendessen haben wir heute Rosenkranz gebetet, daß unser Werk gelingen möge und zum Segen für das Dorf werde.

Soviel Schwierigkeiten sind bereits gemeistert, doch nicht unser Wille geschehe, sondern wie Du es willst, Herr.

Heute war ein schöner Arbeitstag. Die letzten Rohre haben wir problemlos verlegt. An die drei Meter fehlen noch. Boni wird das restliche Stück in Lima hoffentlich bekommen.

Eine Arbeitsgruppe von Indios hat am linken Beckenrand eine Stützmauer aus Steinen und Erde gebaut, damit vom steilen Feld daneben nichts eingeschwemmt werden kann. Mit anderen haben wir die Rohrleitung im Steilstück verbaut, um sie gegen Steinschlag zu schützen. Hier wird alles mit dem Material gemacht, das die Natur unmittelbar anbietet. Es gibt (noch) fast keinen Fremdkörper hier. Schön ist es zuzuschauen, mit welcher Freude die Männer diese ihre Erde bearbeiten. Wasser wird in kleinen Rinnsalen zugeleitet (darin sind sie wahre Meister), die Erde mit der Hand oder dem Spaten bespritzt und dann wird geschaufelt und mit Wonne barfuß, bis zu den Waden, darin auch herumgetreten. Mit Schaufeln, später auch mit Kübeln wird dann diese saftige, durchfeuchtete, glucksende und schmatzende Masse (sie lebt direkt) zur Stelle gebracht, aufgeklatscht und mit bloßen Händen verstrichen... Das Abdecken der Rohre im Steilstück war ein Musterbeispiel für – wir würden sagen – „teamwork". Die Kübel mit dem Erdmörtel gingen in einer Menschenkette über sicher 40 Hände bis hoch hinauf, und jeder Stein wurde von Hand zu Hand gereicht. Wie hätten wir das wohl in Europa gemacht? Sicher einen Kran oder Aufzug eingeflogen! Wir aber haben die Arbeit und das erdhafte Material in der Hand gehabt, waren in Gemeinschaft verbunden und haben miteinander in Fröhlichkeit gescherzt und gelacht.

Herr, hilf uns auch hier in Europa!

Gestern, Sonntag, 16. August 1987, das war ein richtiger Sonntag, Ausflug zur „Laguna":

Nach dem Frühstück brechen wir auf. Domenico und einer seiner Söhne erwarten uns bereits mit Trageseln, die unsere Rucksäcke aufnehmen. Im langsamen Trott ziehen wir das karge Hochtal hinauf. Thomas, Francisco, Frederico und einige andere holen uns bald mit Pferden ein. Konrad und ich sitzen auf. Es ist ein unbeschreibbares Gefühl, hier in dem weiten, fast unberührten Hochland der Anden auf einem

Pferderücken der Höhe zuzustreben. Tief unten fließt der Bach. Durch das Leben unter mir fühle ich mich auch noch intensiv mit der Erde verbunden, gleichzeitig aber auch über sie erhoben: Erde singe, daß es klinge, laut und stark dein Jubellied. Ihr im Meere preist die Ehre dessen, der aus nichts euch schuf. Was auf Erden ist und lebet, was in hohen Lüften schwebet, lob ihn, er haucht ja allein, Leben ein!

Bevor wir den hoch gelegenen Kessel erreichen, wird es flacher. Herta steigt auf. Ich freue mich für sie!

Am See halten wir kurze Rast.

Es ist Sonntag. Das kommt von Sonnentag. Es ist heute ein Sonnentag. Der Tag, an dem wir uns unserem Schöpfer in besonderer Weise verbunden fühlen, weil die Arbeit ruht und wir Zeit haben, zu ihm aufzuschauen, der uns und alles geschaffen hat. Mir fällt eine Diskussion ein (in der Oberwaltersdorfer Männerrunde), in der es so richtig nach unserer menschlichen Gescheitheit darum ging, ob der Sonntag wohl der erste Tag oder letzte Tag der Woche sei? Sonntag – ist er Anfang oder Ende?

Ist Gott Anfang oder Ende?

Gott ist Anfang und Ende!

Sonntag ist Anfang und Ende!

Dank für das Vergangene und Bitte für das Kommende und immerwährender Lobpreis!

Herr, ich möchte Dir danken, daß Du der Anfang meines Lebens bist, mich in Liebe in diese Welt gezeugt hast, mein Vater bist. Durch Christus hast Du mich aufgenommen in Deine Kirche, die mich in der Taufe durch das strömende Wasser eingebunden hat in die Beziehung zu allem Lebendigen. Nicht allein und isoliert muß ich leben, sondern verbunden bin ich mit allem, was da lebt um mich, das sich mir schenkt, wenn ich nur bereit bin, es dankbar und in Ehrfurcht anzunehmen, und das mir auch zeigt, daß ich nur dann lebe, wenn ich bereit bin, mich selbst zurückzuschenken. So fließt Dein erfüllender Geist mir zu, bis Du mich irgendwann, wenn Du es willst, aufgehen läßt in Dir. Und all meine Unsicherheit, Sorge und Schwäche wird aufgewogen sein in Deiner Harmonie und Herrlichkeit.

Herr, hilf mir, daß Du nicht nur Anfang und Ende meines Lebens bist, sondern auch die Mitte, der Du mich trägst und erträgst mit meinen Fehlern und Schwächen und mir Vertrauen schenkst und Geborgenheit gibst.

Herr, ich lobe und ich preise Dich, der Du vor dem Anfang warst und nach dem Ende noch bist! Denn Du bist in Ewigkeit! Für mich aber bist Du jetzt wie die Sonne, die mich wärmt, meinem Tag das Licht gibt und mir die Richtung weist.

Die Hügel und Bergspitzen, die den See eingrenzen, hindern unseren Blick. Dahinter aber liegen die weißen Bergriesen der Cordillera blanca – das Tal des Rio Santo („Callehon de Huylas“) dazwischen, das als die schönste Landschaft Perus bezeichnet wird.

Die Indios bleiben zurück. Nach einer guten Stunde haben wir mit 4750 m den letzten Gipfel unserer Kette der Cordillera negra erreicht. Der Eindruck ist überwältigend: Der höchste Berg Perus, der 6768 m hohe Huascaran, liegt uns unmittelbar gegenüber, und daran reihen sich die weißen Spitzen – darunter das fruchtbare Tal...

„Großer Gott, wir loben Dich!“

Am späten Nachmittag erreichen wir wieder Ocshapampa. Nach dem Abendessen und dem sonntäglichen Wortgottesdienst liegen wir schon früh und müde in unseren Säcken. Doch dann zündet irgendein Funke: Franz und Egon fechten eine hitzige Diskussion zum Thema der Selbstbestimmung Südtirols aus. In meiner sorgenvollen Art fürchte ich für unsere gute Gemeinschaft. In der Früh versuche ich, noch ganz schlaftrunken, darum zu beten.

Jetzt sitze ich mit Egon und seiner Freundin Josephine im Nebenraum unserer Schlafstätte. Wir schreiben bei Kerzenlicht unsere Tagebücher. Wir sind uns, die wir bis jetzt keinen sehr „guten Faden“ zueinander hatten, in nur einem Tag sehr nahe gekommen.

Danke, Herr, Du vermagst alles!

Dienstag, 18. August 1987

Boni ist um 5.00 Uhr früh nach Moro gegangen. Hoffentlich klappt der Einkauf. Viel hängt davon ab!

Unsere Arbeit geht gut voran. Der Platz, wo das Turbinenhäuschen hinkommt, ist eingeebnet und die Grundfeste mit Steinen und Beton bereits zur Hälfte gemauert.

Heute waren wir zum Essen (Frühstück-, Mittag-, Abendessen) beim Bürgermeister Thomas, dem Teniente des Dorfes. Sein Hof ist der letzte oben am Berg, von uns aus eine gute halbe Stunde zu gehen.

Den ganzen Tag habe ich heute Steine aus dem Bachbett zum Bauplatz geschleppt. Ich bin hundemüde.

Donnerstag, 20. August 1987

13.30 Uhr – Hoch über dem Dorf an einem kleinen Kanal sitze ich und schaue ins Land. Ein leichter Wind geht, es ist recht kühl, doch die Sonne wärmt angenehm, wenn sie hinter den Wolken hervorkommt. Gestern war es fast den ganzen Tag bedeckt. Am Nachmittag gingen Herta, Konrad und ich auf den Hügel hinter dem Dorf (4000 m) und auf den dahinterliegenden Berg (4300 m). Oben hat es sogar etwas Schnee gegraupelt, und am Abend gab es leichten Regen! Das ist etwas ungewöhnlich hier um diese Jahreszeit. Aber heute scheint wieder die Sonne. Nur ab und zu schieben einige dunkle Wolken über die Berge. Zwischen den Häusern des Dorfes schaut die Kirche zu mir herauf. Sie ist so einfach wie die Menschen hier. Aus Erde und Gras gebaut. Lehmziegel, an der Sonne getrocknet – „adobes“ in Spanisch, „tica“ in Ketchua –, mit Lehmmörtel verbunden. Das Dach aus schwachen Holzstangen und mit trockenem, hartem Andengras gedeckt. Einfache Türstöcke und Fensteröffnungen aus Holz.

Erde, Gras und Holz. Das alles wird die Erde wieder aufnehmen, wenn es seinen Zweck erfüllt hat, so wie auch uns Menschen einmal Erde bedecken wird, in der wir aufgehen werden, und Gras wird über uns wachsen und Platz sein für neues Leben. Die Menschen hier haben auch zum Tod ein anderes Verhältnis als wir. Sie sind ihm näher und ergebener. Nicht so wie wir in Europa, die wir um jede Stunde unseres Lebens bangen, alle Möglichkeiten der Technik einsetzen und jährlich Millionen von Tieren opfern, um durch Medikamente oft nur eine kurze Zeitspanne „für uns" dazuzugewinnen. Nicht, daß es hier keine Krankheiten gäbe: Die Kindersterblichkeit ist hoch (etwa 25%), manche Männer und Frauen sind zweimal verheiratet, und man stirbt hier auch an manchen Krankheiten, deren Namen man gar nicht kennt. Doch sie sind eingepaßt in ihren Lebensraum, angepaßt an ihr Nahrungsangebot, und ihre Kinder bleiben großteils im Ort. Man lebt in großer Verbundenheit mit der Erde und allem Notwendigen, das sie gibt, und ist in den Familien vereint. Meist leben drei Generationen auf einem Hof in mehreren kleinen Häusern zusammen. Die Kinder spüren von klein auf die Wärme der Mutter, die sie den ganzen Tag in einem Tuch auf dem Rücken trägt und sie bei keiner Arbeit zur Seite stellt. Die Frauen pflegen den Tratsch und kommen auch zu gemeinsamer Arbeit viel zusammen. In ihrer Stellung aber ist die Frau hier noch sehr benachteiligt dem Mann gegenüber. Ihr Reich ist die Küche, die sie auch kaum verläßt. Besonders wenn Gäste da sind, bedient der Mann. Die Frau verrichtet alle Hausarbeit, wäscht, kocht und hütet das Vieh, betreut die Kinder. Es ist für uns ein malerisches Bild, wenn am Abend die Herde heimgetrieben wird – Schafe und Ziegen, Esel, Pferde, Ochsen, auch die Schweine. Mutter und Kinder tragen dann je einen Packen Kleinholz oder Reisig auf dem Rücken. Die Spindel zum Spinnen der Wolle begleitet die Frauen bei allen Arbeiten, wo die Hände nicht benötigt werden. Sie machen feine und grobe Wolle. Die feine Wolle wird zu einem großen Teil verkauft. Die grobe Wolle aber wird verwebt zu Teppichen oder Säcken für das Getreide. Hier im Ort gibt es einige Webstühle. Sonst ist nicht viel Handwerk, außer der Herstellung von einfachsten Ackergeräten, die sich jeder Bauer selbst macht. Sie sind ausgelastet mit ihren Äckern. Diese liegen teilweise so hoch, daß man bis zu 1½ Stunden gehen muß, um sie zu erreichen. Auch die Tiere geben viel Arbeit, besonders in der Trockenzeit (Mai bis September), in der wohl das Getreide reift, für Grünfutter aber die Kleefelder bewässert werden müssen. Die kargen Weiden mit dem trockenen Andengras liegen hoch und oft entlegen. Die Frauen kommen kaum aus dem Dorf. Ob sie glücklich sind mit ihrer Rolle? Ich traue mir nicht zu, das zu beurteilen.

Die Männer gehen auf den Markt, in die Dörfer, die weiter unten im Tal liegen. Hier verkaufen sie ihr Getreide, Kartoffeln, Vieh, Wolle und kaufen Salz, Gewürze, Kleider u. a. zu oft sehr teuren Preisen. Daß die Männer die Verbindung zur Außenwelt aufrechterhalten, merkt man auch an ihrer Kleidung. Nur am Morgen, wenn es kalt ist, tragen sie den traditionellen Poncho. Aber während des Tages haben sie billiges Zeug an: Hosen aus Kunststoff, Jacken und Pullover, Kappen mit Schirm. Männer, die bereits im Bergwerk gearbeitet haben, tragen einen Grubenhelm, an den Füßen Sandalen, aus Autoreifen gefertigt. Nur wenige tragen noch die selbst gewebten Hosen aus schwarzer, dicker Wolle. Der Hut „Sombrero de la Plata“ aber ist noch immer beliebt. Besonders an Feiertagen und am Sonntag gehört er unbedingt dazu.

Die Frauen aber schätzen noch die traditionelle Tracht. Röcke in buntesten Farben, je mehr übereinander, desto schöner und angesehener ist man hier. Jacken in Gelb, Rot, Grün, Blau, mit Mustern und Abnähern, auf Taille geschnitten und ausgestellt (wie Großmutters Taftjacke), bunte Tücher um den Hals, bunte Bänder im tiefschwarzen Haar, das straff gescheitelt und zu Zöpfen geflochten ist. Der Sombrero de la Plata ist unentbehrlich und wird nur abgelegt, wenn das Kind über die Schulter in das Rückentuch gebracht wird. Besonders herausgeputzt sind die heiratsfähigen jungen Mädchen. Sie tragen Ohrringe aus Perlen und Spangen im Haaransatz oberhalb der Stirn bis hin zu den Ohren, soviele nur Platz finden. Auch Ringe aus Gold habe ich bei einigen älteren Frauen gesehen. Vielleicht dürfen die Frauen hier ein geringeres Selbstwertgefühl mit Schmuck und Tand kompensieren, oder sie dienen auch hier als Aushängeschild dem großen Stolz des Mannes.

Mir wird langsam kalt. Die Mittagszeit ist auch vorbei. Zeit, daß ich mich zur Baustelle begebe.

16.00 Uhr – Gestern haben wir das Fundament für das

Turbinenhäuschen fertiggestellt. Das heißt besser, die Indios haben gemauert und wir Beton gemischt – Helmut und ich. Sie sind hervorragende Steinmaurer. Die Steine sitzen auch ohne Beton schon gut genug. Mit Beton werden nur die Zwischenräume ausgefüllt.

Heute wurde mit dem Aufstellen der Wände aus den sonnengetrockneten Lehmziegeln begonnen, die einfach mit Erdmörtel verbunden werden. Trotz des einfachen Materials wird mit großer Sorgfalt gearbeitet. Schnur und Senkblei sind unentbehrliche Requisiten. Meine Arbeit ist es, wie am Vormittag, den Erdbrei auf die Ziegel aufzutragen. Langsam und mit Ruhe wächst Schar um Schar in die Höhe.

17.00 Uhr – Nun sitze ich im Hof von Domenico. Konrad hat heute gebacken. Der Teig ist gemischt, und wir werden bald aufarbeiten. Kleine Schweine und Hühner spazieren seelenruhig zwischen meinen Beinen umher. Es ist eine schöne Zeit. Die Arbeit drängt (vorläufig) nicht. Wenn Boni am Samstag oder Sonntag die Turbine nicht bringt, schaut es allerdings schlecht aus. Dann können wir einpacken und nach Hause fahren – oder Urlaub machen. Das wäre sicher nicht ganz der Sinn unseres Hierseins, obwohl ich mich auch damit abgefunden habe, daß wir das begonnene Werk nicht vollenden können. Andere werden es zu Ende bringen. Was machen wir schon fertig in unserem Leben? Wir sind auf dem Weg. Vollendung finden wir erst im Ziel.

20.00 Uhr – Konrads Brot schmeckt sehr gut! Über das Essen lohnt es sich, einmal gesondert zu berichten. Jetzt aber ist es gerade urgemütlich. Wir liegen in unseren Schlafsäcken und nach einem gemeinsamen halben Plauderstündchen haben sich Konrad, Franz, Egon und Fini zu einer Kartenpartie zusammengefunden. Martha liest in meinem kleinen Buch von Hermann Hesse. Herta schläft schon und von Monika und Helmut ist auch nicht viel zu hören. Dagegen draußen: Vor unserer Behausung hat das abendliche Trompetenkonzert, das täglich mindestens eine Stunde dauert, Verstärkung erfahren. Mindestens zwei Trommeln und ein weiteres Blasinstrument vollführen einen Heidenlärm, spielen peruanische Musik. Für uns klingt eine Melodie wie die andere. Trotzdem, wir fühlen uns nicht alleingelassen.

Heute war es wieder an Herta und mir, die Morgenandacht zu gestalten.

„Vater unser..."

„Denn Dein ist das Reich und die Kraft und die Herrlichkeit..." Ja, Vater! Seit Anbeginn haben wir Menschen, alle Völker Dein Reich, Deine Kraft und Deine Herrlichkeit gesucht. Aber wie sehr nach unseren menschlichen Vorstellungen und Wünschen ist das geschehen. Dein Reich haben wir über die Wolken erhoben in den „Himmel", einem Ort, der uns wohl überschreitet, aber im Leben unerreichbar erscheint. Deine Kraft haben wir sehr oft als eine Vermehrung unserer eigenen Machtvorstellungen verstanden. Mit den Göttern und für die Götter wurde gekämpft. Und auch wir Christen sind im Namen unseres Gottes in den Krieg gezogen, um seinen Namen zu heiligen. Aber es waren vielmehr unser Stolz und unsere menschliche Schwachheit, über andere zu herrschen und zu bestimmen, als Dein Wille. Deine Herrlichkeit, o Herr, haben wir uns danach vorgestellt, was wir als Menschen in dieser Welt erreichen wollen: Gold und Silber und königliches Ansehen. Wir haben Dich eingekleidet in Purpurgewänder, Dir goldene Kronen aufgesetzt und als Kirchen steinerne Paläste gebaut, mit glitzerndem und gleißendem Zierrat geschmückt. Dich, liebenden Schöpfer und gütigen Herrn, zeigt die Geschichte der Menschen als gewaltigen und gewalttätigen, als zürnenden, richtenden, strafenden Gott, dessen Wohlwollen man sich mit Opfern erkaufen muß. So nahmen wir Menschen Lebendiges – Nahrung, Tiere, Menschen –, um es Dir, dem Gott von oben, darzubringen, Dich gnädig zu stimmen. Irgendwann ist es Dir dann wohl zu bunt geworden mit unserem verrückten Tun. Hast Dich unser erbarmt, Deinen Sohn in die Welt gesandt, um uns Dein Abbild zu zeigen und den Weg zu Dir zu weisen.

Jesus Christus!

Du bist als armes, kleines, ohnmächtiges Kind in einem armseligen Stall zur Welt gekommen. Deine Kraft ist die Stärke der Gewaltlosigkeit. Sie besiegt die weltliche Macht. Du hast gesagt: „Nicht Opfer will ich, sondern Liebe" und uns den Auftrag gegeben: „Liebt einander wie ich euch geliebt." Dieses Reich des Friedens, in dem man auch seine

Feinde liebt, hat in Dir begonnen, und es wächst, sowie wir fähig werden, uns selbst als Opfer dem Nächsten darzubringen. Dieses brüderliche Miteinander ist Dein Reich hier auf Erden. Ein Glückszustand, denn „welche Erlösung – lieben zu können", wie es Hesse ausdrückt. Und Deine Herrlichkeit ist die Herrlichkeit der Auferstehung, die über Opfer und Leid den Tod überwindet und uns in der Gemeinschaft Deiner Liebe beglückend vereint.

Jesus! Der eine Balken Deines Kreuzes weist nach oben und zeigt, daß Du vom Vater kommst. Der waagrechte Balken aber hält Deine ausgebreiteten Hände, die alle Menschen umarmen und einschließen. Du bist kein Gott von oben – bist unser Gott von Mensch zu Mensch!

Herta liest uns die Worte der Bergpredigt nach Matthäus: Selig, die...

Wie träumen wir doch und sehnen uns nach Seligkeit in unserem Leben. Wann aber sind wir selig? Doch nicht dann, wenn wir für uns schaffen und raffen, sondern gerade dann, wenn es uns gelingt, Abstand zu nehmen von unseren Wünschen in der Welt, unserer Gier, die uns ins Maßlose treibt, und unserer Ungeduld, die uns nicht rasten läßt.

Selig, wer Sehnsucht hat nach dem Reich Gottes, wer in seinem Leben in Liebe dem Nächsten und sich selbst dient. Doch der Gegensatz zum Egoismus, der in der Welt des Menschen ist, fordert zur Spannung heraus: *„So wie sie mich verfolgen, werden sie auch euch verfolgen, wie sie schon die Propheten verfolgt haben!"*

Jesus Christus, wir danken Dir! Du hast uns nicht nur diese Glücks- und Heilslehre für uns und die Menschheit gegeben. Du hast sie vor uns gelebt. Auf Golgotha bist Du, Göttlicher, zum niedrigsten Menschen gemacht worden. Man hat Dich Deiner Kleider beraubt, Deine Krone war aus Dornen, und der Purpurmantel war Hohn und Spott, Schmach und Erniedrigung. Am Kreuz aber hast Du Deine Arme ausgebreitet und im Leid alle Menschen umarmt, bist für alle Menschen gestorben. Doch Du bist auferstanden, und Dein Geist hat die Apostel erfüllt und durchdringt und befruchtet auch heute noch durch unser Tun die Welt. Wie wenig tun wir doch, die wir ein paar Schillinge opfern und unsere Arbeitskraft für wenige Wochen anderen Menschen zur Verfügung stellen. Erfülle uns mit Deinem Geist und mache uns zu Deinen Werkzeugen des Friedens!

Wir singen das Gebet des hl. Franziskus „Herr, mach' mich zum Werkzeug Deines Friedens".

Herr Jesus Christus!

Wir glauben an Dich, wir glauben an Deine Botschaft, wir glauben an Dein Leben! Denn wir haben die Gnade erfahren und dürfen uns nach Deinem Namen Christen nennen. Denn „Du bist bei uns, alle Tage bis ans Ende der Welt", Du wirst spürbar und erlebbar, wenn wir Menschen uns in Deinem Namen die Hand reichen. So bist Du bei uns, wenn wir heute den Menschen von Ocshapampa unsere Hände zur Arbeit reichen, und Du begegnest uns in ihnen, wenn sie uns, meist dreimal am Tag, ihre Hände zum Gruß reichen und uns freundlich umarmen.

Bleib bei uns Herr und segne diesen Tag! Amen.

Samstag, 22. August 1987

7.30 Uhr – Wir sitzen in dem kleinen Vorbau der Kirche. In aller Pracht scheint die Sonne und bringt uns zum Leben nach dem eisigkalten Wasser des Baches. Konrad hat eben die Morgenbetrachtung vorbereitet, und in Kürze erwartet uns das Frühstück. Es geht uns recht gut. Franz, der jetzt mehrere Tage mit Grippe gelegen hat, kommt wieder zu Kräften. Die Langschläfer aber hocken täglich etwas länger in den Betten. Darum machen wir auch die Morgenbetrachtung jetzt schon seit zwei Tagen erst nach dem Frühstück. Das ist auch gut so. Es gibt mehr Ruhe, keinen Zeitdruck und kein Verlangen mehr nach dem belebenden Kaffee.

Noch immer keine Nachricht von Boni! Gestern war der erste „Probelauf des Beckens". Erstmals wurde es gefüllt, nachdem in den Tagen vorher die Zulaufkanäle nachgegraben wurden. Es war eine Dreckschlacht. Die braune, schlammige, strohige Brühe wälzte sich daher. Im Nu war das Becken voll, aber auch voller Schlamm. Nach Stunden erst wurde das Wasser sauber. Nun werden wir es heute durchreinigen. Das Häuschen für die Turbine wächst, wir werden dazu nicht mehr viel gebraucht. Es geht nun etwas langsamer, sowie es höher wird. Auf einer Leiter werden die Lehmziegel nach oben gereicht, die „Maurer“ stehen auf den Wänden und nehmen sie entgegen. Einer dieser Ziegel hat sicher 25 bis 30 kg! Der Lehmmörtel wird mit Kübeln auf Stricken aufgezogen. Eine Fensteröffnung zur Durchlüftung ist gemacht worden. Die Tür wird später eingemauert. Bis heute Mittag soll es fertig werden, bis auf das Dach. Unsere Gruppe hat gestern bereits vorgearbeitet, Sand und Schotter aus zwei Becken im Bachbett herausgearbeitet. Der Schotter im Bach ist stark mit lehmiger Erde durchsetzt, die von den Feldern eingeschwemmt wird. Im fließenden Wasser, auf Steinen stehend, müssen wir umschaufeln und durchwaschen, bis der Sand rein wird. An die 30 Säcke Schotter haben Franz und ich am Vormittag geschleppt – am Nachmittag mit Hilfe der Indios etwa 50 Kübel hochtransportiert. Dabei habe ich mich etwas verkühlt. Ein Schnupfen macht sich bemerkbar. Es geht ein eisiger Wind, besonders wenn sich die Sonne hinter den Wolken versteckt. Solches Material ist kostbar!

14.00 Uhr – Wir werden immer satt. Hunger haben wir nie. Aber es gibt immer dasselbe: Suppe mit Kartoffeln und mitgekochtem Hammelfleisch – nur in der Würze und der Zähigkeit des Fleisches manchmal unterschiedlich –, als Hauptspeise Reis mit gebratenen Kartoffeln, manchmal Spiegelei dazu. Am Abend zu den Chacangas, deren Qualitätsunterschiede von Haus zu Haus von unseren schon darauf trainierten Geschmacksnerven immer besser registriert werden, nehmen wir Marmelade, Nescafe und Milch (Letsche) aus unseren Trockenmilchbeständen vom Arbeitskreis Dritte Welt in Wiener Neustadt. Unser Brot bereichert den Speisezettel ungemein. Was uns aber fehlt sind vor allem Ballaststoffe und Vitamine. Den gerösteten Mais und Gerstenschrot, das man uns am Anfang vorgesetzt hat, hat man uns, wahrscheinlich auf Grund unseres geringen Zuspruchs, nicht mehr angeboten. Herta hat etwas Schwierigkeiten mit ihrer Verdauung. Wahrscheinlich fehlt ihr das Müesli oder vielleicht gar der G'spritzte am Abend? Mit Vitaminen und Mineralstoffen aber schaut es auch für die Leute hier sehr schlecht aus. In den Gemüsegärten stehen jetzt wohl ein wenig Kohl, Zwiebeln und einige Kräuter (Zitronenmelisse, Kamille, die anderen kenne ich nicht), sonst aber sind sie leer.

Besonders die Kinder leiden darunter. Viele sterben, wenn sie von der Mutterbrust wegkommen. Etwas Kuhmilch zu produzieren, wenigstens für den Eigenbedarf, müßte möglich sein. Grünfutter, Luzernenklee, auch Gras könnte vielleicht während der Trockenmonate bei entsprechender Bewässerung wachsen. Doch die Temperaturen gehen bei Nacht unter null Grad herunter. Konrad hat bereits mit dem Bürgermeister und einigen anderen aufgeschlossenen Männern darüber geredet.

Viele Kleinkinder leiden an Augenentzündungen. Grund ist der beißende Rauch in den Räumen, in denen gekocht wird. Die Frauen sitzen beim Kochen an den ebenerdigen Feuerstellen, mit den Kindern am Rücken. Geheizt wird mit qualmendem Reisig, beißendem Eukalyptuslaub. Nur in Häusern, deren Besitzer auf ihren Grundstücken früh genug Eukalyptusbäume gepflanzt haben, wird auch mit Holzscheiten geheizt, die gut brennen und eine fast rauchlose Flamme geben. Wegen gemauerter Feuerstellen mit einem Kamin durch das Dach haben wir mit dem „Maurermeister" des Dorfes, der ein sehr aufgeschlossener und fortschrittlicher Mann ist, geredet. (Einer seiner Söhne ist Elektriker, ein anderer geht in Lima zur Schule.) Er meint, es würde sehr schwer sein, die Frauen von ihren jahrhundertealten Gewohnheiten abzubringen.

Vor dem Mittagessen habe ich noch die Männer aufgesucht, die den zweiten Hauptkanal des Dorfes nachgraben und befestigen. Dieser Kanal beginnt weit oben im Tal, das vom See herunterführt. Auf dem Weg dorthin, etwa 4 bis 5 km taleinwärts, arbeiten Männer auf den Feldern. Steile Flächen werden mit der Handhaue bearbeitet und die Furchen gezogen. Bei Flachstücken werden Ochsen eingesetzt, die den Holzpflug ziehen. Teilweise sind die Felder schon bearbeitet und bestellt. Die Kartoffeln sind bereits eingelegt. Diese Felder müssen bewässert werden. Auf der Sonnenseite ist das Getreide bereits geerntet. In Ocshapampa aber, das auf einem nordseitig abfallenden Hügel zwischen zwei Tälern liegt, ist man eben dabei zu ernten. Garbenweise werden die Halme zusammengefaßt und mit der Sichel in halber Höhe abgeschnitten. Mit der Aussaat wartet man den Beginn der Regenzeit ab, die mit Ende September/Anfang

Oktober einsetzt. Eine gute Zeit für die Pflanzen, eine unangenehme aber für die Menschen in ihren Hütten.

15.30 Uhr – Konrad schlägt vor, einen kurzen Ausflug ins Nachbardorf (eine Stunde) zu unternehmen, um auch Kontakt mit den Leuten in der Umgebung zu finden.

20.00 Uhr – Schön war's. Ein Spaziergang voller Ruhe zwischen reifen Getreidefeldern, vorbei an den Herden, die von den Bergweiden zurückkehren. Die tiefstehende Sonne läßt alles glänzen und leuchten. Konrad plaudert mit den Leuten im Vorbeigehen.

Auch nach der Rückkehr in unser Dorf: Von Boni keine Nachricht.

Um 17.30 Uhr beten wir in der Kirche den Rosenkranz. Wir danken, daß wir doch alle relativ gesund sind und bitten, daß die Menschen von Ocshapampa das gemeinsam begonnene Werk fortführen können und es ihnen zum Segen werde. Gestern hat Egon bei der Morgenbetrachtung ein Gebet von Frére Roger ausgewählt, in dem wir um gegenseitiges Vertrauen und Offenheit gebetet haben. Ja, das brauchen wir mehr und mehr. Dem Mitmenschen so offen zu begegnen, daß auch er sich uns vertrauend öffnen kann. Dann empfangen wir in Liebe das, was uns vom anderen befruchtet. Wir können nur gemeinsam reifen und Frucht bringen, so wie die Blüte sich in Schönheit und Freude der Vereinigung öffnet. Das will Gott in seiner Schöpfung, daß alles sich in Liebe ergänze, um gemeinsam zu Höherem, zu seinem Reich zu werden. Die heutige Morgenandacht hat Konrad vorbereitet: „Herr, lehre uns beten." Wir glauben daran, daß wir uns im Gebet mit dem Geist unseres Schöpfers vereinigen, daß uns seine Kraft und seine göttliche Weisheit zufließen, wenn wir offen und demütig genug sind, darum zu bitten. Helmut liest den wunderbaren Psalm „Die Himmel rühmen die Herrlichkeit Gottes".

Alles lebt und preist Dich, Herr, in seiner Weise, mit Farben und Formen in seiner Größe und Kleinheit, mit Laut und Stille. Du hast uns Menschen die Sprache gegeben. Wir loben Dich mit unserer Stimme im Gebet und mit dem Lied: „Erde singe, daß es klinge, laut und stark Dein Jubellied."

Für uns gibt es heute kaum Arbeit. Konrad schlägt eine Besprechung vor, um zu klären, was mit dem Geld in der

Gruppenkasse geschehen soll und wie wir unsere Abreise planen werden. Spätestens am Samstag wollen wir von Ocshapampa nach Moro gehen, Sonntag abend mit dem Bus die Nacht durchfahren nach Lima. Montag hätten wir dann noch Zeit, in Lima Besorgungen zu machen, und Dienstag erwartet uns der Flug nach Hause. Schön – der Gedanke an das Nachhausekommen. In der Gruppenkassa ist noch viel Geld. Wir wollen Paul und den Leuten hier im Dorf mindestens die Unkosten für ihre Gastfreundschaft abdecken, um niemandem solcherart „zur Last zu fallen". Doch ich wehre mich dagegen, jeden Erdapfel, den ich hier gegessen habe, und auch das, was uns Paul geboten hat, auf Heller und Pfennig abzustatten. Wir müssen auch etwas in Demut annehmen können, um es an andere, die es notwendiger brauchen, weiterzugeben. Der Strom des Lebens im Nehmen und Geben fließt durch uns und weiter – aber nicht zurück. So beschließen wir, Paul seine Unkosten bezüglich Fahrt, Benzin u. a. in Dollar abzugleichen. Die Kosten für Unterkunft und Verpflegung in Moro sowie für die Mittagessen bei den Leuten in Ocshapampa aber hinterlegen wir bei Paul in Form eines ansehnlichen Betrages, den er in geeigneter Weise für die Elektrifizierung, die Kochplatten, die Mühle, die geplante Maschinenwerkstätte im Dorf einfließen lassen soll, um damit den Leuten diese Anschaffung zu erleichtern.

Monika ist wieder krank. Sie hat starken Brechreiz und Durchfall und ist auch etwas verzagt. Wir hoffen alle, daß es ihr morgen wieder besser geht.

Sonntag, 23. August 1987

21.00 Uhr – Monika geht es wieder gut. Gott sei Dank! Boni ist nicht eingetroffen. Wir haben auch keine Nachricht erhalten. Langsam werden wir unruhig. Die Ungewißheit und Untätigkeit erzeugt Spannung. Wir rechnen schon damit, daß wir das Projekt nicht fertigstellen können. Wann kommt Boni? Kommt die Turbine überhaupt, wenn ja, wann?

Heute nach dem Frühstück hatten wir eine sehr eingehende, teils emotionale Diskussion über Glauben und Religion. Wir wissen jetzt, daß wir nicht alle aus derselben

Glaubenshaltung bzw. Einstellung zu diesen Menschen hierhergefahren sind. Aber anschließend haben wir gemeinsam Wortgottesdienst gefeiert:

„Herr, mach uns eins.“ Das Pfingstereignis mit dem Sprachenwunder ist uns dann auch für unsere Situation hier verstehbar geworden. Wir haben trotz aller Verschiedenheit den gemeinsamen Geist gespürt, der uns zusammengeführt hat, und der gute Wille zum Zusammenhalten ist bei jedem merkbar durchgekommen. Morgen werde ich versuchen, alle nur möglichen Vorbereitungsarbeiten für die Aufstellung der Turbine mit Konrad anzukurbeln. Die Aktivität der Arbeit auf das gemeinsame Ziel hin wird uns die Spannung nehmen. Mit Herta habe ich einen schönen Nachmittag verbracht. Wir sind den Bach entlang in das Tal hineingewandert, haben geschlafen, gelesen, geplaudert und konnten uns in Ruhe satt sehen an den Wolken im tief azurblauen Himmel, den Bergen und Schluchten, an den Farben und Formen der Felder und an den wie Silber glitzernden Wasserfäden der Kanäle auf den Abhängen zwischen den Feldern. Danke, Herr, für diesen Tag!

Montag, 24. August 1987

Boni ist noch immer nicht eingetroffen. Und immer noch keine Nachricht von ihm. Wenn er morgen kommt, dann könnten wir noch die baulichen Arbeiten den Abwasserkanal betonieren, Boden und Fundament für die Aufstellung der Maschine – fertigstellen. Die Inbetriebnahme wird auch dann nicht mehr gut möglich sein, weil die Zeit für das Abbinden und Festwerden des Betons nicht ausreicht. Heute wurde das Häuschen gedeckt, der Boden für das Abwasserbecken betoniert und mit großen Steinen die ungefähre Höhe des Bodenniveaus ausgelegt. Sollte Boni morgen nicht kommen, werden die Männer im Dorf bereits mit dem Setzen der Masten für die Lichtleitung beginnen.

Herta und ich hatten heute einen schönen und befriedigenden Arbeitstag. Ein großes Problem im Reinigungsbecken ist die starke Verschmutzung der Gitter mit Stroh, die auch schlecht zu reinigen sind, weil sie – einbetoniert – nicht herausgenommen werden können. So haben wir ein herausnehmbares Gitter mit einfachsten Werkzeugen gebaut – Säge, Hammer, Nägel für den Rahmen aus Eukalyptusstangen – und aus Draht das Gitter wie mit einem Webstuhl hineingeflochten. Eine Tagesarbeit. Es ist wunderbar stabil und gut gelungen. Wir sind selbst ganz stolz darauf. Die Männer sind begeistert, was mir dann auch den Titel „Heriberto-ingeniero" eingebracht hat.

Wenige Tage noch und wir werden die Heimreise antreten. Schade, daß es während unseres Hierseins nicht mehr „Licht wird". Aber das ist sicher nicht das Wesentliche. Wir lernen diese Menschen immer besser kennen und schätzen. Ihr Frohsinn ist herzerfrischend. Heute nach Arbeitsschluß hat Konrad mit den Schulkindern (und wir mit dabei) „Der Kaiser schickt Soldaten aus" gespielt. Die Kinder waren begeistert, und der halbe Ort hat zugeschaut – lachend und klatschend. Mit jedem Tag, den wir hier verbringen, wächst das gegenseitige Vertrauen, und wir fühlen uns wohl. Die Menschen hier sind ohne Arg und Bosheit.

„Vamos a comer!"

Heraklides, Bonigno, Jara, Balero, unser heutiger Gastgeber, holen uns mit diesen Worten eben zum Abendessen.

Dienstag, 25. August 1987

7.15 Uhr – Soeben ist Francisco mit dem Pferd durch das Dorf geritten und hat die Radiomeldung verkündet, daß Bonifaz um 11.00 Uhr auf der Punta eintreffen wird. Die Turbine soll dabei sein! Dann steht Heraklides vor unserer Tür: „Bonifazio esta en Punta." Er strahlt über das ganze Gesicht. Wir beschließen, nicht mit hinauf zu gehen, um unsere Kräfte für die Arbeit zu schonen, wenn Bonifaz eintrifft. Bis zur Dunkelheit wollen wir die Zeit heute nützen. Herta hat eine sehr schlechte Nacht verbracht. Sie hat, so wie Monika vor zwei Tagen, Brechdurchfall. Nun geht es ihr bereits besser. Sie will auch um 10.00 Uhr beim Kochen mit dabei sein, wozu sie heute eingeteilt ist.

11.00 Uhr – Bis jetzt haben wir Steine in das Turbinenhäuschen geschleppt. Die Sand- und Schotterbänke im Bach in der Nähe sind ausgebeutet. Allein schaffen wir es nicht, die Mengen herbeizuschleppen. Ich spüre es auch schon deutlich, daß meine Kräfte etwas nachlassen. (Kein Obst, kein Gemüse!) Alle 34 Männer des Dorfes sind mit Eseln und Pferden hinauf zur Punta gegangen. Konrad hat Boni ein paar Zeilen mitgeschickt, daß wir ihn so bald wie möglich brauchen. Frühestens um 15.00 Uhr kann er hier sein. Ob er auch Obst mitbringt?

15.00 Uhr – Nach dem Mittagessen haben wir uns alle ein wenig hingelegt. Egon ist schon draußen und kommt mit der Nachricht herein, daß ganz oben, auf dem letzten Höhenrükken, die ersten Männer mit Eseln bereits aufgetaucht sind! Hoffentlich keine Fata Morgana! Tatsächlich, sie kommen! Egon hat dem „Musikzimmer“ eine Fanfare entnommen und bläst wie verrückt! In einer Stunde könnten sie da sein. Helmut und Franz sind bereits unterwegs zu ihnen. Meine Müdigkeit ist wie weggeblasen. Konrad und ich gehen ihnen nun auch entgegen.

16.00 Uhr – Sie sind da! Die Trägerkarawane kommt hinten nach. Ein Elektriker aus Moro für die Installationen im Ort ist mit dabei. Boni hat alle Teile bekommen – bis auf das fehlende Stück Druckrohr. Hier müssen wir uns eben mit den drei Zementrohren behelfen, die für den Abfluß vorgesehen waren. Bis Samstag hat es gedauert, um in Lima alles zu besorgen. Das letzte Stück kam heute, 8.00 Uhr, mit dem Bus in Moro an. Dann sind sie sofort losgefahren. Jetzt wollen wir natürlich sofort die Baustelle besichtigen. Auf meine Frage, ob er denn fit sei, sagte Boni in seinem Südtiroler Dialekt: „Ja, da feit nix, bin frisch wia'r a Vegele.“ Jetzt wird er gerade mit Cajangas gelabt.

Auf geht's zur Arbeit!

Mittwoch, 26. August 1987

Herta geht es wieder gut. Sie ist schon den ganzen Vormittag bei der Arbeit unten am Bach. Soeben hat sie eine starke Fingerverletzung verbunden.

Doch jetzt ist Fini an der Reihe: Durchfall, Brechreiz und leichtes Fieber dazu. Meine Krise ist, so hoffe ich, überwunden (Schnupfen, brennender Hals und Reizhusten während der Nacht). Schön ist es, wieder Kräfte zu haben und damit auch Freude zu spüren.

Seit gestern abend haben sich eine Menge Schwierigkeiten eingestellt, die wir aber mit großer Zähigkeit überwunden haben. Es bleibt hier auch nichts anderes übrig, denn die nächste Lösung – Lima – liegt über 600 km (4-Tage-Reise hin und zurück) entfernt. Martha und ich haben heute gemeinsam gebacken. Schon in der Früh haben wir das Dampfel zubereitet, und jetzt vor dem Mittagessen ist auch der Teig bereits gemischt. Er schaut sehr vielversprechend aus. Nun ist es auch Zeit zum Mittagessen.

14.00 Uhr – Das Brot ist aufgearbeitet, wartet auf das Backen. Bis zum Einschießen dauert es noch gut eine halbe Stunde. Der Teig fühlt sich heute wunderbar an. Man spürt sein Leben direkt in der Hand.

Uns alle beschäftigt nun das Problem, ob wir nicht doch noch einen Tag länger in Ocshapampa bleiben sollen. Paul hat in seinem Brief den Freitag als den Tag vorgeschlagen, an dem wir von Ocshapampa weggehen sollen. Um 14.00 Uhr will er uns beim Anfang der Straße mit dem Lastwagen abholen und nach Moro bringen. Würden wir aber noch bis Freitag bleiben, so wäre es uns gut möglich, alle baulichen Arbeiten und das Aufstellen der Maschinen gemeinsam und in Ruhe durchzuführen. Um die letzten Installationen und die Inbetriebnahme würde sich dann Boni kümmern, der sich entschlossen hat, bis zum Funktionieren zu bleiben. Er ist dafür auch der alleinige Fachmann. Wir könnten dann auch noch in Ruhe das gemeinsame Fest mit den Dorfbewohnern feiern, auf das wir uns alle sehr freuen.

18.00 Uhr – Das Brot ist heute einfach herrlich geworden. Und zum Abendessen erwartet uns eine besondere Köstlichkeit: Eine Pizza, die ich eben zum Wärmen in den Ofen geschoben habe. Wir haben sie aus dem restlichen Teig gemacht. Mit viel Zwiebel, dem Thunfisch, den Boni gestern angeschleppt hat, frischem Kohl aus dem Garten, mit Salz und Öl mariniert, haben wir den Belag bereitet. Schaut köstlich aus! Und morgen wird es das große Fest geben! Es wird bereits gekocht. Zwei Hammel sind geschlachtet worden, und gestern ist der „Biertransporter“ eingetroffen.

Ein Mann ist mit drei Eseln nach Huaraz gegangen – eine Wegstrecke ist eine Tagesreise –, um extra für das Fest mehrere Kisten Bier herzuschaffen. Das Fest ist schon so genau geplant, daß es auch nicht mehr verschoben werden kann. Damit ist auch unsere Abreise mit Freitag nicht mehr zu verschieben. Die baulichen Arbeiten werden wir zur Not fertig bringen. Dann ist auch für Boni etwas Stillstand, weil die Fundamente trocknen müssen, bevor mit Kraft in Betrieb gegangen wird. Boni wird dann auch mit uns am Freitag nach Moro gehen. Anschließend ist eine Reise über eine Woche in den Süden von Peru geplant. Nur Konrad, Herta und ich werden von Lima direkt nach Hause fliegen. Boni aber wird dann noch einmal nach Ocshapampa gehen, um die Anlage in Betrieb zu nehmen.

Heute am Nachmittag ist das Fundament für die Turbine fertig geworden. Morgen wollen wir noch den Boden im Haus betonieren und den Sockel für den Generator gießen. Am späten Nachmittag, zur „Fiesta", wollen wir – müssen wir – fertig sein!

21.00 Uhr – Das Fest wirft bereits seine Schatten voraus (besser „seine Feuer" voraus). Im Schulhof wird gekocht. In einem großen Häfen werden die „delikatesten" Teile der beiden Hammel weichgekocht und schwimmen in einem großen Kochtopf kunterbunt durcheinander. Da lacht der Schädel noch mit allen Zähnen neben dünnen und dicken Gedärmen, die Lunge kommt zum Vorschein und obenauf schwimmen lustig die Mägen...

Morgen, schon zeitig in der Früh, soll gemeinsam im Schulhof gefrühstückt werden. Das ganze Dorf wird kommen. Was es da wohl noch geben wird?... Von einer Suppe hört man, die aus Kartoffeln zubereitet wird, welche vorher 7 Monate in Wasser eingeweicht werden. Ich habe die Gruben gesehen. Zur Verwendung werden sie getrocknet, dann gerieben... Es wird uns sicher noch einiges erwarten.

So sehen wir dem morgigen Tag mit Freude und ergebener Gefaßtheit entgegen. Das Abendkonzert, das wir jetzt gerade live erleben, wird wohl von der zweiten Musikergarnitur im Schulhof neben dem Eingeweidebottich gegeben. Es ist ein Höllenspektakel von zwei Trompeten, einem Baßflügelhorn, einer großen und kleinen Trommel... Das wird eine feine

Suppe geben...! Aber aus all dem spricht eine große und unbändige Lebensfreude.

Herr, gib auch uns diese Freude zum Leben und zum Lieben.

Danke für diesen Tag.

Donnerstag, 21. August 1987

15.30 Uhr – Die Fiesta ist in vollem Gang! Es ist kaum zu beschreiben. Eben haben wir das letzte Fundament betoniert – für den Dynamo. Bis die Schrauben einzubetten sind, habe ich eine halbe Stunde Zeit, damit sich der Grundbeton etwas festigt. Die Musikkapelle spielt hervorragend! Das sind vier Trompeten, ein Baßflügelhorn, große und kleine Trommel und eine Klarinette. Sie spielen die peruanischen Melodien fast im Aufbau von Dixieland-Jazz: Vorstellen des Themas, gemeinsame Melodie, dann Improvisation, Solo oder im Duo (Klarinette und Baß) und unisono, Vereinigung zum Schluß, der voller Spannung immer drängender und lauter wird, bis zu 15mal wiederholt wird und dann am Höhepunkt der Freude abrupt abreißt. Die Musikanten sind heruntergekommen zur Baustelle und spielen nun seit annähernd zwei Stunden, während die letzten Mischen Beton gemacht werden und wir die Schalung zimmern. Dazu wird auch getrunken, Bier und eine Art Weichsellikör. Die allgemeine Freude ist kaum zu beschreiben. Am Vormittag haben wir noch die Grundplatte der Turbine eingebettet. Der Boden wurde mit Steinen etwa 50 cm angehoben und die Sohle dann betoniert. Bewundernswert, wie die Indios bereits ohne Anleitung und Aufforderung selbständig arbeiten.

Der Tag hat am Morgen mit einem gemeinsamen Frühstück begonnen. Alle Frauen sind zum Kochen gekommen. Ein malerisches Bild: Die bunten Kleider, die rauchenden riesigen Kochtöpfe, Holz und Reisig, Kinder und Hunde, die Männer etwas abseits, unsere zwei Frühstückstische in der Mitte. Wir singen „Großer Gott, wir loben Dich“. Das Brot wird verteilt. Dann stehen wir gemeinsam mit den Dorfbewohnern im Kreis und beten: „Vater, unser tägliches Brot gib uns heute...“ Zum Frühstück gibt es die ominöse

Eingeweidesuppe, deren „Innereien“ man bereits herausgefischt und kleingeschnitten hat. Sie schmeckt vorzüglich, ist nur etwas scharf gewürzt. Schade, daß Helmut und Martha heute Brechdurchfall haben und Fini auch noch nicht ganz fit ist. Alles schmaust und stärkt sich für die kommenden Strapazen. Die Nacht hatte es in sich. Bis 12.00 Uhr spielte die „Banda“, bis 1.30 Uhr ein einsamer Trompeter, der so um 2.30 Uhr die letzten erbärmlichen Rülpser von sich gab. Wahrscheinlich war er schon etwas betrunken. Nach dem gemeinsamen Frühstück wurden ganze Berge von Kartoffeln geschält. Wir (Konrad, Boni, Franz und ich) begaben uns dann ein letztes Mal zur Baustelle, um die Fundamente fertig zu betonieren. Schön, ganz wunderbar, daß wir die groben Arbeiten nun doch beenden können! Zu Mittag spielte die Musikkapelle bereits groß auf. Als Einstimmung zum Mittagessen gab es dann auch das langerwartete und versprochene „Cerveca“ = Bier (Pilsner Hopfen in Halbliter-Flaschen). Es hat uns sehr gemundet. Schade für Helmut, der sich schon Wochen darauf gefreut hat und jetzt mit Brechdurchfall im Bett liegt. Und dann kam die heimische Spezialität: Gebratene Meerschweinchen! Recht gut! Das Fleisch schmeckt etwas süßlich. Nach dem Mittagessen wird bereits getanzt, auch wir mischen uns kurz darunter. In bester Stimmung, gemeinsam mit der Musikkapelle, begeben wir uns dann ein letztes Mal über den steilen Steig hinunter zur Baustelle am Bach. Bei solchen Klängen, solcher Freude und in so froher Gemeinschaft habe ich in meinem Leben noch nicht betoniert!

Samstag, 29. August 1987

Wir haben es wieder erreicht – das Land der Papaias, Yuccas, Bananen, Avocados – das gelobte Land. Wir sind in Moro! Anstelle des Abendkonzertes von Armando nun wieder das tausendstimmige Konzert der Hähne von Moro am Morgen. Ich sitze auf der Terrasse bequem an einem Tisch, und um mich herum wird es lebendig. Padre Paul hat 30 bis 35 Internatsschüler. Sie sausen bereits herum vom Schlaf- zum Waschraum, machen Morgentoilette, waschen ihre Wäsche. Daneben gibt es Späße und Püffe... Kommt mir irgendwie bekannt vor...

Gestern am Abend haben wir Moro erreicht, nach einem Weg durch eine wunderbare, sich ständig wandelnde Gegend. Nach acht Stunden Gehzeit hat uns dann das Lastauto am Ende der Straße abgeholt und nach Moro gerüttelt und geschüttelt. Daher kann ich jetzt auf der harten Bank kaum sitzen. Schlechter als nach fünf Tagen auf einem Radsattel. Aber die Nacht war herrlich – in einem richtigen Bett mit Matratze...! Die letzte Nacht aber in Ocshapampa ist kaum zu beschreiben. Doch der Reihe nach: Am Nachmittag, „der Fiesta", haben wir noch alle Fundamente fertigstellen können. Der Generator ist ebenfalls an Ort und Stelle, die Schrauben zur Fixierung im Fundament, die Tür zum Haus eingemauert und ein Schloß angebracht. Alles kann trocknen und festwerden, bis Boni nach etwa zehn Tagen die Anlage in Betrieb nehmen wird. Es ist schön, daß wir unsere Arbeit hier fertigstellen durften. So ist auch unsere Stimmung dementsprechend. Fast habe ich das Bedürfnis, die Menschen hier um mich zu umarmen.

Herr, Du zeigst uns den Weg zur Freude.

Fast alle Männer des Dorfes sind jetzt hier unten beim Turbinenhäuschen. Viele Neugierige sind auch aus den umliegenden Dörfern gekommen. Gemeinsam begeben wir uns dann nach oben, steigen ein letztes Mal über den steilen Hang. Der Graben, in dem Rohre und Kabel verlegt sind, ist bereits mit Erde zugeschüttet. Bald wird darauf wieder Getreide wachsen. Schon auf halbem Weg beginnt die Musikkapelle wieder zu spielen. Wir selbst können es kaum „daschnauf'n", und sie blasen wie verrückt und voller Freude. Mit Applaus und Begeisterung empfangen uns die Frauen. Der Zug formiert sich im Schulhof, macht mehrmals die Runde, Heraklides, ein sehr angesehener Mann im Dorf, tanzt wie ein Stabführer vor der Kapelle her, dann geht alles in einen gemeinsamen Tanz über, daß der Staub immer höher steigt. Nachdem sich die erste Woge der Begeisterung ausgelaufen hat, wird wieder gegessen. Es scheint etwas ruhiger zu werden. Die Nacht bricht an. Da kommt Thomas, der Teniente, um uns wieder zu den Tanzenden zu holen. Man übersiedelt in einen Raum des Schulgebäudes, nicht größer als 20 m^2, der von einer einzigen, einsamen Kerze an der Wand erleuchtet wird. Für uns gibt es einen Tisch und Stühle, die Männer stehen herum und einige Frauen sitzen mit ihren Kindern in den Rückentüchern auf dem Lehmboden zusammen. Bier und Schnaps gehen von Hand zu Hand. Dann setzt die Musik ein und reißt zum Tanzen mit. Der Lärm in dem kleinen Raum ist so unbeschreiblich groß, die Trompeten so hart und schrill, daß das Trommelfell zu schmerzen beginnt. Ich bin außerstande, das auszuhalten. Kopfweh plagt mich schon seit Mittag. Ich bin weit über der Schmerzgrenze. Ohrenstöpsel aus einem schnell weichgekauten Papiertaschentuch entrücken mich dieser Welt der Klänge. . Doch der Rhythmus, hart, stampfend, synkopisch schlagend, hält mich trotz allem gefangen. Ein unbeschreiblicher Geruch umlagert uns alle, bedeckt uns, hüllt uns ein. Nach etwa einer Stunde verabschiedet uns Konrad in aller Form, und wir verkriechen uns in die Schlafsäcke im Nebenraum, nur durch eine dünne Wand von der großen Trommel getrennt. Bis 12.00 Uhr überwiegt die Müdigkeit, und ich falle in einen traumlosen Schlaf. Dann dringt die Festesfreude wieder durch. Die Musik hat wohl zu spielen aufgehört, aber Singen, Geschrei und Gelärme gehen weiter. Lang nach Mitternacht stehe ich auf und gehe vor die Tür. Auch auf den umliegenden Höfen schläft man noch nicht. Es ist eine sehr lange Nacht, und nur langsam kommt der Morgen. Um 6.00 Uhr früh sollen wir bei Armando zum Frühstück sein. Konrad hat diese Zeit „vorläufig einmal“ angesetzt, denn „später wird es hier von selbst“.

Beinahe hätte ich etwas Wichtiges und damit etwas sehr Schönes vergessen, weil ich selbst nicht so sehr daran beteiligt war. Es waren unsere Frauen, die zum Fest unseren Beitrag gestalteten. Sie haben eine Tombola veranstaltet mit all den Sachen, die wir von uns entbehren konnten. Arbeitshandschuhe, Kleidung, Tücher, Taschenmesser, Schuhe u. a.... Das alles haben wir nach dem Rat Konrads bis zum Schluß behalten, um die Leute nicht zum Betteln zu animieren und um auch niemanden zu bevorzugen. Die Frauen zeichneten Lose, und in einem großen Bazar bekam jeder sein Packerl – Männer, Frauen und Kinder. Auch die Decken, die wir von Europa mitgebracht hatten und die uns so gute Dienste geleistet hatten, wurden mitgepackt. Die Freude war groß und jeder zufrieden. Zum Schluß überreichte Konrad Armando noch einen Fußball, und die Gitarre wurde dem Katechisten für die Kirchenmusik zur Verfügung gestellt.

Beschenkt zu werden ist etwas Schönes, aber es nährt die Flamme der Begehrlichkeit.

Herr, hilf uns, daß wir uns in Dir genügen, andere mit unseren Möglichkeiten zu beschenken!

Um 6.00 Uhr steht Francisco vor der Tür. Er wird mit uns und drei anderen (Pablo, Pedro und Guillermo) nach Moro gehen. Die uns verbliebenen Sachen sind bald gepackt, und noch vor 7.00 Uhr sind wie bei Armando zum letzten Frühstück. Der Festkater sitzt ihm in allen Knochen, sein Gesichtsausdruck ist erbarmenswert. Blasmusiker sind eben besonders „gefährdet" – und nicht nur in Ocshapampa! Schlechter aber geht es seinem kleinen Sohn, den seine Frau noch auf dem Rücken trägt, ihn aber nicht mehr stillt. Er hat Durchfall, Erbrechen, Fieber. Apathisch, mit glasigen Augen schaut er uns an. Die Frau bittet um Medikamente. Herta hat noch von den Milchsäuretropfen zur Regulierung der Darmflora. Vorläufig nur Kamillentee und leichte Speisen! Und jedes Wasser – auch den Tee – gut kochen! In der letzten Zeit ist es uns mehr und mehr bewußt geworden, daß es wahrscheinlich das Wasser hier ist, das uns so zu schaffen gemacht hat. Es wird den Rinnsalen entnommen, die zwischen Häusern und Ställen durchfließen, und die Tiere – Hasen, Hühner, Schafe, Esel, Schweine, die viel frei in den Höfen herumlaufen, verlieren darin ihre Exkremente. Wenn das Wasser stärker fließt, scheint es klar, aber der Sand darunter stinkt wie Jauche! Die Menschen, die einmal daran gewöhnt sind, vertragen es. Aber wir und die Kinder hier?! Eine Wasserleitung wäre nicht schwer zu installieren. Herrliches Bergquellwasser gibt es genug.

Vielleicht später – wir – oder andere? Bei Padre Paul werden wir den Vorschlag deponieren.

Herr, berufe Arbeiter in Deinen Weinberg, denn die Ernte ist groß, aber der Arbeiter wenige...!

Nach dem Frühstück stellt man uns einige Pferde und Esel zur Verfügung. Nach einer letzten Verabschiedung im

Schulhof brechen wir dann auf. Herta und ich haben uns sehr wohl gefühlt. Besonders zur Familie des Domenico, in dessen Ofen wir Brot gebacken haben, hatten wir ein sehr herzliches Verhältnis. Er hat mir zum Abschied noch einen Getreidesack geschenkt, der in Ocshapampa selbst gewebt wurde, und Herta hat von seiner Frau ein Rückentragetuch aus grober roter Webe erhalten. Ich habe ihm mein Taschenmesser zurückgelassen.

Der Marsch bis in das Tiefland (über fast 2800 Höhenmeter) wird uns zu einem besonderen Erlebnis. Die Landschaft wechselt zwischen steilen Schluchten, wo wir auf schmalem Weg hoch über dem Bach dahingehen, und kleinen Dörfern, in grüne Inseln eingebettet, dort, wo das Tal sich etwas weitet. Im großen wandeln sich die fruchtbaren, mit dem Gold des Getreides bedeckten Hänge des Hochlandes und den silber glitzernden Kanälen zu immer trostloser werdenden Wüsten, je tiefer wir in das regenlose Land der Küste hinunterkommen. Und gerade hier, inmitten der größten Dürre und Trostlosigkeit, zwischen Kakteen, verdorrten Krüppelsträuchern und wüstenhaften Steinbergen, habe ich eine einzige Blume gefunden. Sie blüht auf einem kleinen Bäumchen, das wie tot aussieht, auch keine Blätter hat, in einem leuchtenden Rot und in zerbrechlicher Zartheit. Eine Vorankündigung des Frühlings, Hoffnung von Leben und Wasser, das auch in dieser Region für kurze Zeit alles zum Grün erwachen läßt.

Um 16.00 Uhr erreichen wir den Lastwagen. Wie einen alten Bekannten begrüßen wir ihn. Noch eine Stunde Fahrt, dann weitet sich das Tal zu einer Fülle von Grün und Nahrung, eingesäumt von steinernen Wüstenhügeln.

Abendessen in Moro: Zuerst Speck mit Brot, Bier, Cola, Papaiasaft, später Suppe, gebratene Yukka, Reis, Grammeln und dann noch Schnitzel! Ein Bett – und wunderbarer Schlaf bis zum Morgen.

In der Kirche haben wir Dir noch gedankt, Herr, und an unsere Lieben zu Hause gedacht.

9.00 Uhr – Jetzt will Konrad eine kurze Nachbesprechung halten, um 11.30 Uhr wird uns Paul zu einer deutschen Messe um den Altar versammeln, und am Nachmittag sind wir zum

Essen und einem gemütlichen Beisammensein beim Bürgermeister von Moro eingeladen.

17.00 Uhr – Es war ein schönes Fest für die Gringos. Nur konnte ich es kaum genießen. Mich hat es nun mit Durchfall erwischt. War es der Speck oder das Wasser im Papaiasaft – sicher aber deshalb, weil ich wieder einmal das mir zuträgliche Maß beim Essen verloren hatte. Auf jeden Fall liege ich für den heutigen Tag bereits im Bett.

Das Fest war recht gemütlich. Der Bürgermeister hat uns gedankt, daß wir Ocshapampa „das Licht“ gebracht haben, und uns als „Blumen im Garten Moro“ bezeichnet. Dann gab es Schaumwein, Bier, schweren Dessertwein, Vorspeise, Hauptspeise (alles sehr scharf). Gitarre und Flöte spielten zum Tanz auf. Mit den Stadtschönen haben wir feurige lateinamerikanische Rhythmen getanzt, und die Morener Damen plagten sich mit unserem Walzer. Abwechselnd wurden dann heimatliche Volkslieder gesungen, zum Abschied von uns „Wahre Freundschaft“.

Bei der Besprechung am Vormittag haben wir dann kurz Bilanz gezogen. Eigentlich sind wir der Meinung, daß wir uns, trotz aller Verschiedenheiten, in der Gruppe recht gut verstanden haben (und verstehen). Da steckt auch viel guter Wille von jedem drin. Vom Sinn des Projektes sind wir nun alle überzeugt und sehr froh, daß wir es soweit fertigstellen konnten.

Vor dem Mittagessen haben wir dann mit dem Padre Gottesdienst gefeiert. Das Evangelium handelt vom Tanz der Herodias, der Johannes schließlich den Kopf kostete. Paul meint dazu, daß oft sehr unbedeutende Dinge große Werke zerstören können. Wir danken, daß trotz aller Schwierigkeiten unsere Arbeit möglich war, daß kein Unfall passiert ist und auch niemand ernstlich krank geworden ist. Und viel haben wir zu bitten.

Herr! Du hast aus unserer Arbeit ein gemeinsames Werk mit den Menschen von Ocshapampa gemacht. Hilf uns allen, daß es wachse und weitergeführt werde, laß daraus den Geist der Hoffnung und Zuversicht erwachsen, besonders für die Kinder, damit sie nicht einem Traum in der Stadt nachlaufen, sondern ihrer Erde hier verbunden bleiben.

Herr, hilf auch uns in Europa. Wir haben viel gelernt und

gesehen von diesen Menschen. Gib uns den Mut zum Leben – zu einem einfachen Leben in Deinem Geist, daß wir bescheidener leben lernen und unseren Wert immer mehr in Dir gründen. Gib uns die Kraft zum Notwendigen – daß wir unsere Arbeit tun im rechten Maß, und nicht mehr erzeugen und erraffen, als wir benötigen und uns guttut. Gib uns die Freude der Erfüllung, daß wir uns am gelungenen Werk erfreuen können und auch die Freude des Teilens, damit wir ein frohes Zeichen Deiner Liebe unter den Menschen werden.

Sonntag, 30. August 1987

20.00 Uhr – Lima hat uns wieder. Die Stadt hat uns empfangen mit ihrem Nebel und der hohen Luftfeuchte, mit ihren Slums und Häuserfragmenten, ungeheurem Dreck und Löcherstraßen und dem süßlichen Geruch nach verwesendem Müll, der wie eine stinkende Wolke über allem Elend liegt. Die Stadt ist deprimierend – unsere Stimmung nicht viel besser. Morgen werden wir uns trennen. Herta und ich freuen uns schon sehr aufs Nachhausekommen.

Heute morgen waren wir in Philomenos Lastwagen schon um 7.00 Uhr früh unterwegs nach Chimbote. Von Moro und auch von Chimbote nach Lima waren keine Plätze mehr im Bus zu bekommen. Vor der Abfahrt in Chimbote haben wir dort noch Weihbischof Kuntner getroffen, der auf seiner Peru-Reise gerade an diesem Tag zwei Missionspriester hier zu weihen hatte. Wir haben uns sehr gefreut, so weit in der Fremde einem Menschen aus unserer Heimat zu begegnen. Auf der Fahrt nach Lima, mit zwei Collectivos durch die trostlose 500 Kilometer lange Wüste, hat dann auch Paul etwas von seinen Schwierigkeiten hier erzählt, die ihn bewogen haben, von seinem früheren Einsatzort Chician nach Moro zu gehen. Schwierigkeiten mit vorgesetzten „Oberhirten“, die Kirche nicht unbedingt als eine Hilfe für die Armen verstehen, sondern als die Bewahrung von Vorrechten und Gütern. Die Angst haben, das zu verlieren, was sich aus Sucht nach Macht, Ansehen und Bequemlichkeit für die eigene Institution angesammelt hat.

Herr, hilf Deiner Kirche der Armen in der Dritten Welt

und auch bei uns, daß sie Dich so verkündet, wie Du gelebt und was Du uns aufgetragen hast. Du Armer, der Du die Armut gepriesen hast und in ärmster Verlassenheit für uns Menschen gestorben bist... *„denn der Menschensohn ist nicht gekommen, um sich bedienen zu lassen, sondern um zu dienen...“*

Die Schwestern in Lima empfangen uns mit Freude, und wir beziehen wieder Quartier in der Schule.

Hl. Messe um 19.00 Uhr mit Paul in der Kirche der Schwestern. Es ist der 30. August, das Fest der hl. Rosa von Lima, die hier sehr verehrt wird. In Lateinamerika begegnet uns eine Art von Gläubigkeit, die Herta und mir nicht unbedingt liegt – Prozessionen, süßliche Mariengestalten mit elektrisch erleuchtetem Strahlenkranz, verzückte Gesichter, angezündete Opferlichter...

„...richtet nicht, damit ihr nicht gerichtet werdet...!“

Herr, hilf uns, andere Menschen in ihrer anderen Ausdrucksweise und Gläubigkeit verstehen zu lernen. Gib uns Ehrfurcht und Achtung vor dieser tiefen, gefühlshaften Gläubigkeit, die zu solchem Glück führt! Brot und Wein wird bereitet. Brot, das uns (sein) Leben schenkt und der Kelch des Leidens und des Opfers, der auch uns im sich verschenken gereicht ist. Wir spüren es *„...wo zwei oder drei in meinem Namen beisammen sind, da bin ich mitten unter ihnen...“* und fühlen uns eins mit unseren Lieben zu Hause, mit den Menschen unserer Pfarre, die feiern und vielleicht jetzt gerade für uns beten, fühlen uns verbunden über die Bande des eigenen Blutes, des eigenen Volkes und unserer selbstgezogenen Grenzen hinaus über die Kontinente mit den Menschen in der Welt *„...da hier sind meine Brüder und Schwestern...“* Wir sind gleichzeitig in Ocshapampa, in Moro, bei uns zu Hause, hier in der Kirche mit den Schwestern und den Menschen in Lima, weil wir in Christus eins sind, in seinem Geist, der den Frieden in der Welt begründet: „Vater unser... Dein Reich komme...“ beten die Menschen hier in Spanisch, wir in Deutsch, anderswo in Ketchua und in allen Sprachen der Welt... Diese Verbundenheit in Christus ist die unzerstörbare Hoffnung, die unser Leben trägt.

Danke, Herr, durch Deinen Tod hast Du diese Auferstehung uns geschenkt!

10.30 Uhr – Lima umwogt uns. Herta und ich sitzen auf einem Steinsockel der Plaza de San Martin. Konrad ist mit der anderen Gruppe unterwegs, um ihnen bei der Besorgung der Flugkarten nach Cuzco zu helfen, und wir warten auf Paul, mit dem wir den Treffpunkt 11.00 Uhr hier vereinbart haben. Am Nachmittag will er uns etwas von den Sehenswürdigkeiten der Stadt zeigen und auf den Indiomarkt begleiten, wo wir für unsere Kinder, Verwandten und Nachbarn einige Mitbringsel einkaufen wollen. Das Leben in dieser Stadt ist kaum zu beschreiben. Ungeheuer viele Menschen, Autos, Marktkarren, Wägelchen für Brot, Zuckerln und verschiedensten anderen Kleinkram schieben herum, quirlen und pulsen durcheinander. Alles spielt sich auf der Straße ab. Alles ist hier zu haben und zu kriegen. Lebensmittel, Hundeshampoo wird laut schreiend angeboten wie auch Lose und Gummihandschuhe, die Schuhputzer, ein fliegendes Büro...

Das aber ist nur die Oberfläche. Die Atmosphäre ist nicht ganz einzufangen. Viel Elend, zerlumpte Menschen, barfuß, schlafend auf den Steinstufen, Bettler – still oder schreiend vor den Kathedralen und in Durchgängen neben „Krawattenträgern", den Straßenartisten und Scharlatanen und junge Burschen, flott gekleidet in kleinen Gruppen, mit wachen, hungrigen Augen, schöne junge Mädchen und Frauen, alte Menschen, humpelnd, müde und kraftlos...

Wir reden wenig, schauen und halten unsere Taschen gut fest! Paul ist eingetroffen, auch Konrad kommt eben mit der Gruppe zurück.

20.30 Uhr – Das war ein bunter Tag! Paul kümmert sich wunderbar um uns. Am Vormittag hat er uns noch etwas von der Stadt gezeigt. Auf der Plaza de San Martin „thront" der „Heilige" mit seinem Pferd monumental auf einem riesigen Steinsockel. Er schaut aus wie ein General, was er auch war. Wahrscheinlich hat er sich mit „Schlachten" seine Heiligkeit erworben. Von der Plaza de San Martin schlendern wir weiter zur Plaza de Armac. Hier steht der Präsidentenpalast. Viel grimmige Miliz mit MP in Anschlag davor. Ein Tankfahrzeug – (Wasserwerfer) – steht bereit, um vor Terroristen und Demonstranten zu schützen. Irgendwo, so hört man, sollen Streikende durch die Stadt ziehen. Wir sehen nichts davon, gehen an drei, vier großen Kirchen vorbei, auch hinein... Zeichen von Größe und Macht, Abbild menschlicher Herrlichkeit für Christus, der uns den Weg zur Freiheit in der Überwindung des Menschlichen zeigt, der „... den gewaltigen Tempel niederreißt und (den Tempel des Geistes, sein in Liebe dienendes Reich) in drei Tagen wieder aufbaut..."

Von diesem Christus, der seine Tempel in uns Menschen bauen will, spüre ich wenig in diesen dunklen Grüften mit ihren silbernen Schreinen, hinter denen die Gebeine von Heiligen ihren Kult fordern. Spüre ihn auch nicht in den reich geschnitzten Chorgestühlen, den selbst gewählten vorderen Plätzen der Würdenträger hier auf Erden. Im goldgepanzerten Tabernakel ruht das Brot, Sinnbild seines Lebens, das zu Christus wird, wenn es gebrochen und geteilt wird. Am Sonntag beim Gottesdienst, wenn die Kirche von Menschen erfüllt ist, könnte ich ihn sicher auch hier spüren, und wenn er uns am Ende zuruft: „Geht und bringt den Frieden!, aber laßt mich hier nicht zurück. Nehmt mich mit zu euch in euer Leben, hinein in die Familien, mit an den Arbeitsplatz, in das pfarrliche Leben!" Ich werde euch mit Freude und Kraft, mit Zärtlichkeit und Liebe erfüllen! Manchmal gelingt es auch uns, ihn ein Stück mitzunehmen, wenn gerade Platz in uns geworden ist oder wenn uns eine Tür im Leid aufgestoßen ist. Meistens aber lassen wir ihn zurück in seinem Reservat. Sperren ihn ein mit goldenem Schlüssel in sein schönes Zimmer, wohlbehütet von Menschen, die ja von uns bezahlt sind. Es geht ihm so wie einem gebrechlichen Alten im Pflegeheim, dem wir es „schön" machen und ihm versprechen, ihn auch ganz bestimmt am nächsten Sonntag wieder zu besuchen, der uns doch sein Erbe versprochen hat. Während der Woche aber können wir ihn nicht brauchen. Er würde uns eine zu große Belastung sein, wenn wir unseren Geschäften nachgehen, an unsere Karriere denken. So bleibt sein Reich in unserer Welt oft nur auf steinerne Paläste, die Kirchen, beschränkt, wo wir ihn feierlich deponieren, Sonntag für Sonntag mit viel Blumen, Kult und Musik. Er aber wartet auf uns *...„denn er ist bei uns, alle Tage bis ans Ende der Welt!"*

Danke Herr, daß Du immer für uns da bist, immer und überall, trotz allem, bis ans Ende – für alle Menschen dieser Welt!

Dienstag, 1. September 1987

6.00 Uhr – Gestern sind wir dann zu Mittag zum Chinesen Essen gegangen. Ganz ausgezeichnet! Spargelsuppe, ein herrliches Nudelgericht mit Fleisch, Zwiebeln, Gemüse darunter... Bier, Nachspeise Ananas... Fortsetzung des „einfachen Lebens"?

Herr, verzeih'! Auch Du hast bei der Hochzeit zu Kanaa getafelt, sogar den Wein noch vermehrt...

Danke für diese herrlichen Freuden! Du läßt sie uns jetzt doppelt erleben.

Am Indiomarkt gab es schöne und interessante Sachen. Schöne Strick- und Webwaren, geprägtes Leder, Wandteppiche, aber auch bereits viel Kommerzartikel und ungeheuren Kitsch. Wir haben Taschen, Pullover, Hauben, Handschuhe und anderes eingekauft. Gut und brauchbar. Aber nichts kommt heran an den Sack, den mir Domenico geschenkt hat, der aus Wolle von Schafen aus Ocshapampa stammt, im Ort gewebt wurde und mit dem er schon Getreide transportiert hat.

Am Abend gab es dann noch ein gutes und lustiges gemeinsames Essen bei einem Italiener, der ein gutes Pizzarestaurant hier in Lima führt. Unsere „Italiener" fühlten sich besonders wohl und zu Hause, und Egon „vergrub sich" mit Genuß in seiner italienischen Küche.

Nun aber sind wir bereits allein! Ganz wider Erwarten hatte es gestern bei der Besorgung der Flugkarten keinerlei Schwierigkeiten gegeben. Franz und Martha, Fini und Egon, Boni, Helmut und Monika sind seit 5.00 Uhr früh auf dem Flughafen und werden in Kürze (6.30 Uhr) auf dem Weg nach Cuzco sein. Um 4.00 Uhr früh haben wir uns verabschiedet: Herzlich – schönen Flug, schöne Tage, kommt gesund wieder – wir treffen uns ja im Oktober (25./26.) bei Franz in Kaltern im schönen Südtirol, bei gebratenen Kastanien und rotem Wein. Boni wird noch viel zu erzählen haben – von der Inbetriebnahme und dem Tag „an dem sie gemeinsam um das Licht tanzten“, und unsere Bilder werden die gemeinsame Zeit noch einmal lebendig machen. Wir freuen uns jetzt schon darauf. Vielleicht wird uns der eine (die eine) oder andere einmal besuchen? Dann aber werden wir uns wahrscheinlich nicht mehr wiedersehen.

Und doch wird diese Gemeinschaft fortdauern, denn jeder nimmt ein Stück vom anderen mit. Von Paul und Pablo, den Schwestern und allen, denen wir begegnen durften – besonders von den Menschen in Ocshapampa und auch wir voneinander, die wir einander nicht entrinnen konnten in guten und in kranken Tagen. Haben uns getragen und ertragen und sind nicht mehr dieselben, sind uns vertraut geworden und verbunden durch Seinen Geist, der uns zusammengeführt und zum gemeinsamen Werk geeint hat.

„Wir sind ein Leben lang verantwortlich für das, was wir uns vertraut gemacht haben!“ (Antoine des Saint-Exupéry)

So können wir uns nicht umdrehen und abwenden und weiterleben wie vorher, denn wir haben Verantwortung übernommen für Menschen, die unsere Hilfe brauchen.

Herr, Jesus Christus!

Durch Dich sind wir zu Schwestern und Brüdern geworden. Durch Dein Leben sind alle Menschen in Dir vertraut geworden, weil Du nicht nur ein Stück von Dir, sondern Dich ganz hergegeben hast.

Hilf uns, daß wir die Verantwortung gegenüber unseren Mitmenschen in aller Welt immer mehr erkennen dürfen, besonders dann, wenn wir uns nach Deinem Namen Christen nennen.

Mittwoch, 2. September 1987

10.00 Uhr MEZ „Heimatkurs“

- Gestern bei Nieselregen (grauenvoll) in Lima zum Flugplatz. Paul und Pablo haben uns bis zum Schluß begleitet;
- Wolkendecke über den Anden und dem Amazonasbecken;
- Zwischenlandung in Bogota und San Huan; auf Puerto Rico Regen;

– Kurze Nacht – wir fliegen der aufgehenden Sonne entgegen;
– Vor einer Stunde ist die Sonne aufgegangen – strahlend über den Wolken;
– In knapp einer Stunde werden wir in Madrid landen, nach etwa 12 Stunden reiner Flugzeit.
– Nach Hause! Schön!

Donnerstag, 3. September 1987

9.00 Uhr – „Eine Nacht in Madrid" liegt schon hinter uns. Sitzen im Flugzeug nach Barcelona. Bald haben wir es geschafft! Heute kommen wir nach Hause. Hoffentlich sind alle gesund und guter Dinge.

Gestern:
– Ankunft im Hotel 14.00 Uhr. Sind müde. Mittagessen – Ruhe bis zum Abend.
– Das Hotel „Velasquez" ist ausgesprochen gut. Fühlen uns sehr wohl!
– Abendspaziergang in die Stadt: Viel Leben, gelöste Menschen; wir fühlen uns von dieser schönen europäischen Stadt direkt heimatlich berührt, wenn wir mit Lima vergleichen. Aber die Architektur ist pompös, stolz und herrisch. Doch vieles atmet gepflegte Lebensart, Kultur ist spürbarer Bestandteil.
– Spanien einmal zu erleben wäre schön.

11.45 Uhr – Ein letztes Mal in der Luft: Das Meer, die Küste, Schnee unter uns, die Alpen, darüber Wolken, ein letztes Mal von oben: dreidimensional, wunderbar weiß, wandelbar, wandernd – sie gehören noch der Erde an (...„zeigt mir das Ding in der Welt, das schöner ist als Wolken sind!" [Hesse aus Peter Camenzind]). Der Dunst am Horizont verschluckt das Blau des Himmels. Nur der Himmel ist verkürzt auf ein kleines Segment. Ich seh' ihn schöner, wenn ich zu Hause in der Wiese liege und in die gläserne Kuppel schaue. Dort ist er endlos und unendlich – und doch verbunden mit der Erde.
– Frühstück – die meisten Passagiere lesen Zeitung, rauchen, fingern an den Klimaanlagen herum und schützen sich

durch herabgelassene Sonnenblenden. Um 12.30 Uhr werden wir in München landen.

13.45 Uhr – Konrad wurde von einem Bekannten abgeholt. Er hat uns zum Bahnhof gebracht. Der Anschluß klappte vorzüglich. Wir sitzen seit 10 Minuten im Zug nach Salzburg. Von Konrad haben wir uns verabschiedet. Im Herbst wird er uns nach unserem Treffen in Südtirol besuchen, wenn er nach Wiener Neustadt kommt. Wir verdanken ihm viel, werden ihm bald schreiben.

Die Felder und Wiesen Bayerns ziehen vorüber, wecken in uns heimatliche Gefühle. Mehr und mehr spüren wir nun auch die Freude.

16.00 Uhr – Österreich

Langsam gleiten wir wieder hinein in die Welt, aus der wir kommen, werden bald wieder eingebunden sein in unsere alten Beziehungen und Anforderungen. Vieles aber wird neu sein: Das, was wir mitbringen. Was werden wir unseren Freunden und Bekannten, den Leuten zu Hause erzählen? Von den Menschen, denen wir begegnet sind im gemeinsamen Tun, von ihrem Fleiß und Frohsinn, ihrer Fähigkeit zur Zusammenarbeit und ihrer Verbundenheit untereinander und mit der Erde, von der sie leben! Und von ihrer Kirche werden wir erzählen! Einer Kirche aus Erde und Gras, die so ist wie die Menschen und das Land in Ocshapampa: Einfach und nicht mehr als sie, bereit, die Menschen aufzunehmen, zu schützen und zu bergen und sie in Gemeinschaft zu führen. Keine steinerne Anmaßung, die Jahrhunderte zu überdauern, sondern bereit wie die Menschen hier, in Demut zur Erde zurückzukehren, um von gläubigen Händen immer wieder neu errichtet zu werden. Eine Kirche wie Du, Herr Jesus Christus, auf einer Ebene mit den Menschen, die Du liebst und für die Du gestorben bist. Eine Kirche ohne Reichtum und Pracht, ohne Ruhm und Macht. So baust Du Dein Reich mit unseren Händen hier auf Erden und gibst uns Auferstehung in Freude, Kraft und Zärtlichkeit, wenn wir Dir in den Menschen dienen. „Etwas lieben zu können – welche Erlösung!“ (Hermann Hesse)

Werden sie uns glauben, die Menschen, wenn wir von der Not berichten, die wir in den Slums von Lima gesehen haben?

Werden wir sie anrühren können, wenn wir die Notwendigkeit des Handelns und Möglichkeiten des Helfens aufzeigen?

Herr, gib Du uns den Mut zu reden, die Kraft zum Handeln und erfülle uns mit Deinem Geist, damit wir mehr und mehr fühlen und es auch begreifen, daß die beglückende Erlösung für unseren festgefahrenen, dekadenten Kulturkreis – die Hilfe, deren wir Europäer gerade jetzt bedürfen – eben darin besteht, anderen Menschen zu helfen, die unsere Möglichkeiten und Talente gerade jetzt so dringend brauchen.

Vater, unser tägliches Brot gib uns heute und vergib uns unsere Schuld, wenn wir versäumen, es mit den Völkern in der Welt zu teilen!

BEI MENSCHEN WIE MÜLL CHRISTUS SICHTBAR MACHEN

Begegnung mit der Kirche im Sudan

Liebe Brüder und Schwestern!

Heinz Stummer bereiste vom 1. bis 20. September 1985 den Sudan in Afrika, genauer gesagt, nur Teile dieses großen Landes. Aber er tat dies nicht als Tourist, sondern als Christ, der den brennenden Wunsch in sich spürte, Einblick zu erhalten, wie den im Elend lebenden Menschen des Sudan geholfen werden könnte. Die Franziskus-Gemeinschaft war die Basis für diese „Reise".

Bruder Heinz führte über diese „Drei Wochen" ein Tagebuch, das er in unserer Teilen-Reihe allen Interessenten vorlegt. Ich habe es in diesen Tagen gelesen und in mich eindringen lassen. Ich weiß, wie sehr Heinz Stummer schon seit längerem darum ringt, gerade den Armen in der Dritten Welt zu helfen. Jeder, der sich mit dieser wahrhaft einmaligen Frage der ganzen Menschheit befaßt, weiß, daß es hier kein Rezept zur Hilfe gibt, noch bitterer, daß gerade wir Christen Schuld sind am Elend einer Mehrheit der Menschen, und daß die Hilfe der wenigen, die zu helfen bereit sind, fast „nutzlos" erscheint.

Von diesen Erfahrungen, Gedanken spricht auch mit größter Offenheit das Tagebuch von Heinz. An manchen Stellen klingt der Bericht verzweifelt, wie ja auch die Situation ist. Aber überall tauchen Menschen auf, die trotz allem voll Hoffnung sind. Und Heinz selbst gibt die Hoffnung für eine Besserung nicht auf. Deshalb schlage ich als Titel für diesen Bericht vor: „Bei Menschen wie Müll

Christus sichtbar machen." Im Hintergrund aber höre ich noch durch, daß „das denkende Herz", also der liebende und gleichzeitig denkende Mensch, siegen wird, wenn er von Gott und zu ihm geht.

Bruder Fritz Giglinger

Meide das Böse und tue das Gute!
(Ps 37, 27)

Sonntag, 1. September 1985

Wir landen pünktlich um 3.10 Uhr in Khartoum. Ein Auto, das bereitsteht, bringt mich zu meinem Hotel. In einer Ecke des Zimmers ist verschiedenes Gepäck zusammengestellt. Unterlagen über Flüchtlinge in englischer Sprache liegen herum. Anscheinend bewohnt dieses Zimmer jemand, der für diese Nacht oder sogar für längere Zeit das Hotel verlassen hat.

Im Flugzeug saß die Frau des österreichischen Handelsdelegierten im Sudan mit ihrer neun Monate alten Tochter neben mir. Der Flug war für die Mutter mit diesem unruhigen Wesen sehr anstrengend. Ich versuchte ihr zu helfen und beruhigte sie immer wieder, daß es mir nichts ausmacht, wenn die Kleine herumkrabbelt. Am Flugplatz wurde die Mutter mit ihrem Baby vom Vater abgeholt. So lernte ich gleich den österreichischen Vertreter im Sudan kennen.

Die Atmosphäre am Flugplatz war so ähnlich wie vor vielen Jahren am alten Franz-Josephs-Bahnhof in Wien: schmuddelig, abgeschlagen, Ölanstrich und dazu heiß und schwül.

Der Fahrer des Autos brachte mich ohne Kontrolle durch den Zoll.

Um 8.30 Uhr wachte ich durch den Straßenlärm auf: kurzes Morgengebet. Ich war nicht sehr andächtig. Viele Gedanken gingen mir durch den Kopf. Vom Hoteldiener wurde mir dann ein neues, eigenes Zimmer zugewiesen: alles furchtbar heiß und schwül.

Mr. George, der Hotelmanager, ist ein großer, fescher Grieche. Er ist freundlich und hilfsbereit, sieht aber sehr raffiniert aus. Das Hotel heißt Acropol. Im Büro von Mr. George haben alle internationalen Hilfsorganisationen ein Postfach. Man kann so mit den Delegierten dieser Organisationen durch eine kurze Notiz Kontakt aufnehmen.

Jetzt ist es 12 Uhr. Ich bete in meinem Zimmer den Engel des Herrn und Psalm 37: „*Gott der Anwalt der Guten ... meide das Böse und tue das Gute...*" wunderbare Worte der Hoffnung schenkt uns David in diesem Psalm.

Nach einem kleinen Frühstück machte ich mich auf, um die Kirche des Bischofs von Khartoum zu suchen. Ich fand sie auch. Der Bischof feierte gerade Eucharistie. Dank sei Gott! So konnte ich gleich meinen Aufenthalt in diesem fremden Land mit der hl. Messe beginnen.

Die Straßen der Stadt sind mit Sand und Abfällen bedeckt. Menschen sitzen überall wartend herum – alleine oder in kleinen Gruppen. Worauf sie warten, das weiß ich nicht. Die Gesichter sind nicht fröhlich. Menschen bieten ihren Dienst zum Schuheputzen und Autowaschen an.

Nach dem Gottesdienst ging ich zum Bischof in die Sakristei. Ich erzählte ihm, daß ich mich im Land etwas umsehen möchte und Möglichkeiten der Hilfeleistung suchen will. Sofort rief der Bischof P. Antonio Menegazzo, der im Garten vor der Kirche war, zu sich und erklärte ihm meinen Wunsch. P. Antonio ist Comboni Missionar, ich soll gleich morgen mit ihm weiter in den Süden, nach Wad Medani, Sennar, Kosti... fahren. Ich konnte mir überhaupt nichts vorstellen. Ich lasse mich führen. Ich will nicht fragen: Wie geht es weiter?

Um 17.30 Uhr geht die Sonne im Dunst und Staub unter. Es ist unmenschlich heiß, so heiß wie in unserem Glashaus in Pinkafeld. Es sind fast keine Menschen auf der Straße. Wie auf der ganzen Welt so wird auch hier an jeder Hausecke Coca Cola oder Pepsi Cola angeboten.

Das Hotel ist voll mit Amerikanern. Was die wohl hier wollen? Sie warten und warten, wie ich es auch zur Zeit mache. Im Büro höre ich, daß eine amerikanische Managementfirma kommen und ihre Methoden vermarkten wird. Ist das sinnvoll? Heißt das nicht, mit Kanonen auf Spatzen zu schießen?

Unter den Arkaden, mitten am Gehsteig, beten einige Männer. Sie haben ihr Gesicht nach Osten gerichtet. Schön! Wir sollen die Gebete anderer Religionen achten.

Denn der Herr sorgt für euch.
(1 Petr 5, 7)

Montag, 2. September 1985

Heute ist unser Hochzeitstag. Diese Zeilen schreibe ich zur gleichen Zeit, als Trude und ich vor 23 Jahren „ja“ zueinander sagten und wir diesen Bund vom Herrn segnen ließen.

P. Antonio Menegazzo ist Generalvikar der Diözese Khartoum. Er holt mich um 7 Uhr vom Hotel ab. Den uralten Fiat – er scheppert fürchterlich – steuert ein anderer Priester. Wir fahren durch die Vororte von Khartoum zum Busbahnhof: überall Sand, Schmutz und viele Menschen.

Wir nehmen einen relativ gut aussehenden Autobus. Dieser soll uns nach Wad Medani bringen, das ungefähr 200 Kilometer südlich von Khartoum liegt. Die Fahrt geht entlang des Blauen Nil. Weite Flächen liegen hier brach. Nur hie und da wächst ein Busch. Von Zeit zu Zeit sehen wir auch Gemüsegärten. Obstbäume, Felder mit Mais und Baumwolle – ähnlich wie in Rohia in Tunesien. Der Boden sieht sehr fruchtbar aus, wenn man ihn nur bestellt und seine Möglichkeiten nützt. In den letzten Tagen muß es viel geregnet haben. Es stehen Pfützen, und die Menschen bauen Getreide an. Aber intensiv wird der Boden sicher nicht genützt. Tierkadaver liegen überall herum. Die Straße, auf der wir fahren, ist gut asphaltiert.

Das Land, das ich sehe, macht mich hoffnungsvoll. Es kann bebaut werden, wenn es die Menschen können und wollen.

Von der Bushaltestelle zur Pfarre in Wad Medani fahren wir mit dem Taxi. Die Taxis würden bei uns zum Schrotthändler gebracht werden. Die Pfarre wird von Comboni Missionaren betreut. Es leben hier der Pfarrer – P. Sergio – und einige Comboni Schwestern. Es ist alles sehr einfach. Es gibt einen Kindergarten, eine Abendschule für Erwachsene und eine kleine Kirche in italienischem Baustil.

Unterentwicklung: Schmutz, Abfall, Autowracks, Analphabetismus. Ich glaube, daß das auf der ganzen Welt das gleiche ist. Und die Menschen können nicht selbständig ihre Lebenssituation verbessern.

Bei den Schwestern gibt es ein reichhaltiges Frühstück: Osso collo, Ei, Obst, Kaffee – wenn man Geld hat, dann kann man auch gute Sachen besorgen, selbst in einer Zone des Hungers und Elends.

Vor dem Tor treffen wir einen Katechisten: groß, tiefschwarze Haut, interessante Augen. Ein Mann, auf einem Esel reitend, liefert gerade die Milch an. Sie wird in eine Kanne, die beim Eingang steht, gefüllt.

Um 16 Uhr kommen viele Erwachsene zur Abendschule. Sie lernen lesen und schreiben, auch etwas Englisch. Sie sitzen in kleinen Selbsthilfegruppen beisammen und unterweisen sich gegenseitig. Ein Lehrer hilft auch mit. In einer Gruppe spricht ein Lehrer einfache englische Sätze vor, und alle wiederholen sie.

P. Sergio macht auf mich einen niedergeschlagenen Eindruck, fast resigniert.

Im Garten vor der Kirche gibt es viele Zierpflanzen. Es wäre schön, gäbe es Zitronenbäume oder einen kleinen Gemüsegarten.

Am Abend treffe ich die Armut und das Elend: Mit P. Sergio fahre ich in die Slums von Wad Medani. Da gibt es nur Sandwege mit vielen Löchern und Schmutz zwischen zerfallenden Lehmhäusern; überall Ziegen und Hunde.

Wir gehen in ein elend aussehendes Haus. Da lebt eine Gruppe von getauften Moslems: Es sind zwei Großfamilien. Im Innenhof stehen die Betten im Freien neben dem Gerümpelhaufen. Ziegen stehen hinter kleinen Verschlägen. Hühner, Hunde und Menschen bewegen sich ziellos in diesem Geviert. Einige Menschen liegen in Lumpen gehüllt auf Betteinsätzen. Ein alter Mann – er ist ein getaufter Muezzin – leidet an einem vollständigen Verfall der körperlichen Kräfte. Seine Augen aber sind voll Feuer und Gelassenheit: Er glaubt und hat Hoffnung.

P. Sergio setzt sich an des Bett des Alten und spricht mit ihm ein paar Minuten. Ich verstehe es nicht, da sie arabisch sprechen. Dann beten sie gemeinsam. Wir stehen auf, müssen schnell noch eine Tasse schwarzen Tee trinken und verlassen das Haus.

Wie kann man diesen Menschen helfen? Mitleben und herausfinden, was sie wollen? Das Eigenartige ist, daß die

Not ganz still ist. Sie kann sich schwer oder gar nicht artikulieren. Mit viel Liebe und Einfühlungsvermögen kannst du hinhorchen. Dann wirst du vielleicht etwas erfahren, wo mit dem Helfen begonnen werden kann.

P. Antonio Menegazzo erzählte mir, daß P. Sergio schon sehr viel für diese Gruppe getaufter Moslems getan hat. Er kaufte ihnen ein kleines Geschäft und einen Garten. Alles haben sie vertan. Diese Menschen haben einfach nicht die Kraft, aus sich selbst heraus ihre Lebenssituation zu verbessern.

Die Hoffnung läßt aber nicht zugrunde gehen.
(Röm 5, 5)

Dienstag, 3. September 1985

Am frühen Morgen geht ein starkes Gewitter nieder. Um 6 Uhr gehe ich in die Kirche. P. Sergio und die Schwestern beten gemeinsam das Morgengebet.

P. Antonio, einige andere und ich machen einen kurzen Besuch bei World Vision, einer amerikanischen Hilfsorganisation. P. Antonio bekommt für seine Armen in Kosti sofort die Lieferung eines vollen Lastwagens mit Kraftnahrung zugesagt. Diese Nahrungsmittel kommen aus Kanada. Das Hilfsprogramm der World Vision dürfte gut und unbürokratisch arbeiten; so ist zumindest mein Eindruck.

Am Busbahnhof von Wad Medani sehe ich alles, was arm und elend ist. Menschen: schmutzig, schwitzend, blind, bettelnd, am Rand großer stinkender Lachen sitzend, im Dreck und Kot, mit ihren Babys in den Armen, manche auch gut gekleidet, daneben Autobusse, Kleinbusse, Taxis, Pferdewagen, Wellblechhütten als Verkaufsstände; Gestank, Geschrei, Elend – Hoffnung. Es ist unbeschreiblich... Es läßt sich das alles nur erleben. Und es ist seltsam: es läßt mich unberührt. Es ist so viel, daß ich es nicht begreifen kann. Ich fühle: Leben und Sterben ist gleichwertig; da gibt es keinen Unterschied.

P. Antonio und ich fahren in einem kleinen Bus nach Sennar. Wir wollen eine kleine Fraternität der Ägyptischen Schwestern besuchen.

In der Fraternität leben drei Schwestern. Eine ist nicht hier. Sie mußte in ihre Heimat Ägypten fahren. Wir kennen die Einfachheit der Kleinen Schwestern in Österreich. Hier ist es noch einfacher, es ist ärmlich.

P. Antonio kommt alle vier Wochen hierher, um die hl. Messe zu feiern und die hl. Sakramente zu spenden. Die wenigen Räume, die den Schwestern zur Verfügung stehen, weisen katastrophale bauliche Zustände auf. Es spielt sich fast alles unter einer überdachten Veranda ab: Eucharistiefeier, Abendschule, Verteilung von Hilfsgütern. Auf der Veranda bekomme ich auch mein Bett aufgestellt. Dort werde ich schlafen.

Die Aufgaben der Schwestern sind: Kindergarten im Flüchtlingslager von Sennar – es handelt sich um Flüchtlinge aus dem Südsudan –, Abendschule, Religionsunterricht, Verteilung von Getreide an arme Leute und Gebet.

Auf der Fahrt von Wad Medani nach Sennar sah ich wieder viel ungenütztes Land, aber auch Monokulturen in enormen Dimensionen: Mais, Erdnüsse, Baumwolle... alles Kulturen, die die Böden auslaugen. Büsche und Bäume gibt es weit und breit nicht.

Es gehört anscheinend zu Afrika, daß überall Tierkadaver herumliegen. Entlang der Straßen, auf offenem Feld sieht man oft Friedhöfe. Heute sah ich einen Mann, der gerade ein frisches Grab mit Steinen einzäunte.

Ich glaube daran! Es gibt genug Land, um alle Menschen ausreichend ernähren zu können. Es fehlt an den Plänen, dem Wollen der Mächtigen, der Ausbildung, der Motivation.

Und Wind gibt es für Wasserpumpen!

Nachmittags kommen Kinder und Jugendliche in den Hof der Fraternität. Sie plaudern, singen, trommeln und tanzen.

Am Abend wird ganz unvorhergesehen Eucharistie gefeiert. Plötzlich sind ungefähr hundert Menschen versammelt. Zur Feier der hl. Messe wird an der Stirnseite der Veranda eine Tür, hinter der sich ein kleiner Raum mit dem Altar befindet, geöffnet. Es ist wie die Bühne eines Theaters mit dem Vorhang. Bei der Eucharistiefeier wird getrommelt und gesungen. Die Menschen feiern begeistert mit. Die Lieder regen zum Tanzen an, sie sind sehr rhythmisch.

Während der hl. Messe fällt mir ein, daß wir mit Hilfe der

Priester und Katechisten Menschen suchen sollten, die bereit sind, mit ihrer Arbeit ihre Lebenssituation zu verbessern. Diese Menschen sollte man fördern und ihnen am Anfang eine gute Starthilfe gegen. So macht es auch Père Philippe in Tunesien... ein Grundstück kaufen, Garten anlegen, Handwerk lehren, Werkstätten einrichten...

Was ihr für einen meiner geringsten Brüder getan habt, das habt ihr mir getan
(Matth 25, 40)

Mittwoch, 4. September 1985

Am Beginn des neuen Tages feiern wir Messe: die zwei Schwestern, der Katechist, P. Antonio und ich. Nach der hl. Messe fährt P. Antonio sofort weiter nach Kosti. Ich bleibe hier und besuche mit den zwei Schwestern und dem Katechisten zwei Kindergärten im Armenviertel von Sennar.

In der Nacht hatte es wieder geregnet. Man muß es selbst erlebt haben, was das heißt: afrikanischer Boden und Regen. Es ist fast unmöglich, sich fortzubewegen: tiefer, klebriger Kot. Nur mit dem Landrover im Geländegang ist es möglich, weiterzukommen.

Die Kindergärten befinden sich inmitten tausender Strohhütten und verfallener Lehmhäuser. Der Kindergarten ist auch Vorschule. Die armen Kinder sitzen am Boden im Kot vor der Strohhütte. In der Hütte ist es zu naß. Es hatte hineingeregnet, und drinnen trocknet es ja viel langsamer als im Freien. Die Kinder sind teilweise nur mit Fetzen bekleidet. Kotig sind sie aber alle. Sie sitzen brav und ordentlich am Boden und hören der Lehrerin aufmerksam zu. Sie sind dankbar.

Hier könnte man viel helfen: herkommen, mitleben, Lehmhäuser mit Fundamenten bauen, Bänke und Tische fertigen, Gärten anlegen, ein Klosett bauen, Bäume pflanzen, eine Küche einrichten für die Ausspeisung der Kinder und Armen...

Voll Dankbarkeit bin ich. Ich bin zurück in Wad Medani bei P. Sergio. Es ist schwierig, sich in einem fremden Land bewegen zu lernen. Nach dem Mittagessen mit den Ägyptischen Schwestern in Sennar – ohne Dolmetscher – fuhr ich alleine mit dem Autobus von Sennar nach Wad Medani. Neben der Straße war viel Land überschwemmt. Der Boden ist so dicht, daß das Wasser nicht aufgenommen werden kann. Der Boden müßte aufgelockert werden, dann könnte das Wasser eindringen, und es würden fruchtbare Flächen entstehen.

Im Nordsudan sind fast alle Schwarzen Flüchtlinge aus dem Süden des Landes. Sie kommen in den Norden und erwarten sich Arbeit und mehr Sicherheit für ihr Leben. Im Süden tobt ein brutaler Bürgerkrieg. Es ist unmöglich, sich dort frei zu bewegen. Menschen verschwinden und werden umgebracht.

Ich sehe viele Möglichkeiten, das Land fruchtbar zu machen. Hilfe läßt sich aber nicht aufzwingen. Den Menschen müssen Freiräume geschaffen werden, in denen sie sich zu bewegen lernen; zuerst kleinere und dann größere. In diesen Freiräumen können wir ihnen unsere brüderliche Liebe anbieten; unser Dasein, unser Gebet, unser Wissen – das Wissen der Ersten Welt über die Behandlung von Wüstenböden ist groß – und auch die Verletzbarkeit, nicht gebraucht oder gewollt zu werden. Aber je mehr wir uns im Herzen mit diesen Menschen solidarisieren, um so mehr wird eine neue und gerechtere Welt gebaut.

Mir ist etwas Wichtiges zum Thema Nomaden eingefallen. Es ziehen viele mit ihren Herden herum. Der Nomade nützt eigentlich das Land nur aus, ohne es zu pflegen. Irgendwie sollten sie auch eine Verantwortung für die Weideböden übernehmen. Wie? Ich weiß es nicht.

Am späten Nachmittag fahren zwei Schwestern und ich zu einer Außenstelle der Pfarre. Sie liegt nahe einer Spinnerei. Im Vergleich zu den Strohhütten in Sennar und der Fraternität der Ägyptischen Schwestern ist das hier ein Luxusbau. Dieses Pfarrzentrum wurde von der österreichischen Caritas gekauft – so sagt man mir. Mit Hilfe von Mechanikern, die in der Spinnerei arbeiten, sollen hier junge Menschen ausgebildet werden.

Die eine Schwester, mit der ich gekommen bin, leitet eine Unterrichtsstunde für Kinder zur Taufvorbereitung. Das

Alter der Kinder beträgt vier bis zehn Jahre. Der Unterricht ist sehr autoritär. Ich verstehe kein Wort. Aber das Klima kann ich schon spüren. Am Ende des Unterrichts verteilt die Schwester Brot an die Kinder.

Sofort ertappe ich mich beim Urteilen: Unterricht in dieser Form? Die Autofahrweise der Schwester? Sie nimmt einen arabischen Autostopper nicht mit.

Ich glaube aber trotzdem, daß jeder versucht, sein Bestes zu geben.

Es ist schön, daß ich viel Zeit zum Beten habe.

Heute wechselte ich zum ersten Mal meine Wäsche und die Hose (das ist nicht für die Ohren von Gertrude bestimmt). Dann Handwäsche mit „Genie", das ich aus Österreich mitgenommen habe!

Am Abend besuche ich mit P. Sergio eine koptische Familie. Sie sind reich. Bisher dachte ich nicht, daß es auch Reiche hier geben könnte. Der Vater der Familie ist Manager bei Caterpillar. Beim Weggehen gibt er mir 100 Pfund für die armen Menschen, zu denen ich noch kommen werde. Ein wunderbarer Auftrag für mich!

Jesus aber rief die Kinder zu sich und sagte:
Laßt die Kinder zu mir kommen
(Luk 18, 16)

Donnerstag, 5. September 1985

Ich muß es niederschreiben: Henry Nouwens Buch „Der dreifache Weg" ist wunderbar. Ich lese immer, wenn ich Zeit habe, in diesem Buch.

P. Sergio und ich besuchen heute eine Ansiedlung von Schwarzen am Nilufer. P. Sergio sagt: Es sind „Wilde". Was heißt das aber? Als wir ankommen, sind wir sofort von einer Schar von mehr als 100 Kindern umringt. Die Kirche hat in diesem Ort ein Pfarrzentrum errichtet. Da es aber keine Priester und Lehrer gibt, gibt es kein Pfarrleben: Der Hof und das Haus mit den Unterrichtsräumen sind tot; alles ist verstaubt. Um das Pfarrzentrum wurde eine Mauer errichtet, so wie überall alles eingemauert wird. Es wäre viel schöner, würden Büsche oder Bäume statt der Mauer das Zentrum umgeben. Daß es in diesem Pfarrzentrum kein Leben gibt, ist für mich wieder ein Zeichen, daß zu viel begonnen wird. Dann fehlen die Menschen, die so eine Einrichtung wirklich zum Leben erwecken können.

Das Dorf besteht aus Lehm- und Strohhütten, alles ist braun in braun. Die Kinder, die sich ganz dicht an uns drängen, lachen und blicken hoffnungsvoll. Sie freuen sich, weil ich sie photographiere. Ein für mich unverständlicher Wortschwall geht über uns nieder.

Wir fahren nun zu einem anderen Pfarrzentrum. Es handelt sich um ein gemietetes Haus. Der Bauzustand ist schlecht. Viel Arbeit wäre hier zu tun. Viele geschickte Hände könnten sehr helfen. P. Sergio wäre froh, wenn er einen Mitarbeiter hätte, der sich um alle baulichen Angelegenheiten kümmern würde.

Alle Häuser und Höfe sind mit Mauern umgeben. Ich würde statt der Mauern Bäume und Sträucher pflanzen.

Viele Lastautos, mit Getreide beladen, fahren durch die Straßen der Ortschaften und auf den Landstraßen. Das Getreide wird von kirchlichen und staatlichen Stellen an die Bevölkerung verteilt.

Hilfe kann sein: Kirche in Wort und Tat zu leben. Nicht hierher kommen, um helfen zu wollen. Jesus Christus sichtbar machen, das ist Hilfe und Hoffnung.

Ich schaue mir ein paar Geschäfte an, wo man Werkzeug und Baumaterial kaufen kann. Es gibt sehr wenig, und das alles in schlechter Qualität. Wenn wir hier arbeiten wollten, müßten wir fast alles aus dem Ausland kommen lassen.

Jetzt erfahre ich, was es heißt, ohne Hilfsmittel „Technik" zu reparieren: ein undichter Wasserhahn und ein undichter Abfluß. Zwei Stunden suchen, versuchen, eine Wut kommt in mir hoch... einigermaßen gelingt es, es ist aber Pfusch!

Um 18.30 Uhr feiern wir Eucharistie. Ich bin froh und dankbar. Ich halte alle meine Gedanken dem Herrn hin. Ich bin nicht andächtig. Wenn aber so viel im Herzen ist, wird Er mir nicht böse sein.

Ich gehe nicht um mit Dingen, die mir zu wunderbar und zu hoch sind.

(Ps 131, 1)

Freitag, 6. September 1985

Ich fühle mich in diesem Land sehr wohl. Wieso, das weiß ich nicht. Vielleicht kann ich mich gut anpassen.

Am Morgen treffe ich beim Kaffee einen Iren. Er beschäftigt sich mit dem Aufbau einer kleinen Genossenschaft für Milchbauern. Er fühlt sich hier auch wohl. Wichtig ist nur zu verstehen, daß die Menschen eine andere Einstellung zur Arbeit haben, als wir in Europa. Wer sagt, daß es richtig ist: arbeiten, leisten, Geld verdienen, hasten... Zwischen Leistungsdenken und Nichtstun gibt es ein weites Spektrum von Lebensweisen. Wahrscheinlich müssen die Nichtstuer von den Aktivisten lernen und umgekehrt.

Ein Arbeiter verdient 80 bis 150 Pfund im Monat (öS 480,– bis 600,–)! Ein Katechist bekommt 140 Pfund. 1 kg Rindfleisch kostet 6 Pfund, 1 kg Brot ungefähr 1 Pfund, 1 kg Bananen 1,5 Pfund und eine Autobusfahrt von 110 Kilometern 5 Pfund.

Immer und überall wird gekehrt. Der Wind treibt den Sand überall hin. Die Temperatur in den Räumen beträgt 30 °C.

Um 17 Uhr beginnt bereits die Sonne – noch sehr hoch stehend – im Dunst zu verschwinden. Wir – der Bischof, ein Chauffeur und ich in einem Landrover – nähern uns Kassala. Aus der Ebene erheben sich bizarre Formen von riesigen Felsblöcken. Die Häuser und Straßen sehen genauso aus wie in den anderen Städten. Es staubt furchtbar, und obwohl es schon dunkel ist, ist es heiß. Wir fahren in den kleinen Hof der Pfarre von Kassala ein. Ein Sturm von Gesang, Händeklatschen und Getrommel begrüßt uns. Hunderte von Menschen warten schon seit 15 Uhr auf den Bischof. Jetzt ist es 18 Uhr. Der rhythmische Empfang dauert eine ganze Stunde. Die Gemeinde wird von zwei äthiopischen Kapuzinern geleitet. Es muß hier bekannt gewesen sein, daß ich mit dem

Bischof kommen werde. Jetzt sitze ich in meinem Zimmer, das einfach ist, und schreibe diese Zeilen.

Um 10.30 Uhr fuhren wir heute von Wad Medani ab. Viele optische Eindrücke von der langen Fahrt sind noch in mir: Wunderbar geformte Teiche und Wasserstellen mit trinkenden Kühen, Ziegen und Kamelen; große Schwärme von herrlichen Vögeln – weiß, schwarz, sogar riesige Geier. Menschen baden in diesen Tümpeln. Sie waschen die bunten Tücher und legen sie zum Trocknen auf das Buschwerk. Hunderte Zelte in allen Braunschattierungen von Nomaden; ein optischer Traum sind diese Menschen mit ihren bunten Kleidern, dem aufrechten Gang der Frauen, die die Wasserkrüge auf dem Kopf zu den Zelten tragen.

Entsetzen war aber während der ganzen Fahrt in mir: Ich glaube, wir durchfuhren Tausende Quadratkilometer von Monokulturen. Es ist dies ein unbegreiflicher Eingriff des Menschen in die Vielfalt der Natur. Die Felder sind so groß, daß sie am Horizont verschwinden. Man kommt sich vor wie auf einer Fahrt mit einer Jacht in einem grünen Meer. Ufer ist weit und breit keines zu sehen. Die Felder sind nicht sehr dicht bewachsen. Wieviel mehr könnte wachsen, wenn das kleine, von Hand aus bestellte Felder wären. Welche Vielfalt von Nahrungmitteln könnte gebaut und geerntet werden! So gibt es wieder nur Mais, Erdnüsse, Durra und Baumwolle. Die Straße, die wir benutzten, kommt von Port Sudan und führt über Kassala und Wad Medani nach Khartoum. Es ist die einzige Straße im Sudan! Sonst gibt es nur Pisten, die in der Regenzeit nicht befahrbar sind. Dann können die Hilfsgüter nur mit dem Flugzeug in die Notstandsgebiete gebracht werden.

Ununterbrochen rollen Lastwagen, mit Getreide beladen, von Port Sudan nach dem Süden. Unvorstellbar große Mengen an Hilfsgütern werden in das Land gepumpt. Gott sei Dank! Es werden aber Menschen benötigt, die mithelfen, die Situation des Landes von Grund auf zu verbessern.

Am Weg nach Kassala machten wir Station in El Gedaref, im Pfarrhaus, das von einem alten Comboni Missionar bewohnt wird. Der arme alte Pater ist verbraucht und kraftlos. Er ist hilflos und schreit mit allen Menschen, die ihm begegnen, herum. In dem Haus lebt auch ein deutscher

Entwicklungshelfer, der von Misereor geschickt wurde, um langfristig Integrationspläne für die Flüchtlinge auszuarbeiten. Dieser Mensch ist sehr sympathisch, ruhig und gelassen. Im Gespräch bemerkte ich, daß er viel Erfahrung mit der Dritten Welt hat. Bis vor kurzem war er in Nicaragua.

Die Kapuziner hier in der Pfarre in Kassala sprechen alle italienisch.

Es ist Nacht, weit über 22 Uhr. Draußen geht ein furchtbares Gewitter nieder. Das Licht erlischt. Ich fühle mich mit den Flüchtlingen, die draußen im Lager sind, vereint. Sie haben keinen wasserdichten Unterschlupf. Sie werden naß bis auf die Haut. Die Babys...! Naß, die ganze Nacht?

„..., der für uns gegeißelt worden ist."

Viele Leiden und Schmerzen fallen mir ein... Hand und Fuß abgehackt, und die Stümpfe in kochendes Öl getaucht... ja, das geschieht hier im Sudan!

Herr, erbarme Dich Deines Volkes!

Verurteilt nicht, dann werdet auch ihr nicht verurteilt werden.

(Luk 6, 37)

Samstag, 7. September 1985

Langsam beginne ich zu begreifen, daß wir viele Dinge, Ereignisse und Probleme, Schönes und Häßliches, Gutes und Böses nebeneinander bestehen lassen müssen, ohne Verbindungen herstellen zu wollen oder Lösungen und Erklärungen finden zu müssen. Vielleicht stimmt es wirklich, wie es Henry Nouwen sagt: Wir suchen nach Antworten, wo sich keine Fragen stellen.

Zeitig am Morgen feiern wir mit den Menschen, die hier leben, hl. Messe. Sie singen und beten in ihrer Sprache. Der Ablauf der Meßfeier ist anders als bei uns. Als Außenstehender würde ich sie nicht als Eucharistiefeier erkennen. Ich fühle mich aber eingetaucht in ihre Gemeinschaft, in die Gemeinschaft mit Jesus.

Es ist ein Geschenk des Herrn, das alles erleben zu dürfen: diese Vielfalt, diese Undurchschaubarkeit und doch diese Klarheit.

Ein Mensch, ein Geschöpf Gottes, ein einmaliger Entwurf, jeder eine Welt für sich, Gestalt, Schönheit, Bewegung, Herz, Ausdruck... Hunderttausende dieser Geschöpfe leben in einem Flüchtlingslager; Tausende sterben unbemerkt und einsam.

Wir besuchen das Lager Wad Sherifay. Wer so etwas nicht gesehen hat, kann auch die Beschreibung nicht verstehen. Alle Fragen sind sinnlos: Warum? Wie geht es weiter? Ohnmacht ist eine Antwort, Hoffnung eine bessere. Und der Glaube, daß jede kleinste Hilfeleistung sinnvoll erscheint, läßt weiterleben. Die beiden Kapuziner – P. Federico und P. Renato, beide äthiopische Flüchtlinge – handeln so. Es ist nicht sinnvoll, das Leid und die Not in so einem Lager beschreiben zu wollen. Es diente nicht dem Aufbau. Es wird viel geholfen, aber alles zusammen ist erst der Tropfen auf den heißen Stein.

Es ist unbekannt, wieviel neue Flüchtlinge jeden Tag in das Lager kommen: Es können tausend oder mehr sein. Von einem Tag auf den anderen entsteht eine neue Zeltstadt. Man schätzt, daß in diesem Lager 120.000 bis 150.000 Flüchtlinge leben.

In einer kleinen Strohhütte geben die Kapuzinerpatres Religionsunterricht. In einer anderen Hütte wird Eucharistie gefeiert. Die ganze Zeit begleitet uns ein Äthiopier, der das Schulwesen für die Flüchtlinge organisiert. Ich spreche lange mit ihm und bitte ihn inständig, den eigenen Weg zu suchen und nicht die Erste Welt nachzuahmen.

Es ist ein Wunder! Bei dieser Not und Armut haben die Menschen Hoffnung.

Nochmals muß ich es niederschreiben: Gott läßt keinen Menschen in diese Welt kommen, für den Er nicht sorgen wollte. Die Menschen verhindern aber die Überlebenschance für alle. Für mich ist der Sudan ein fruchtbares und schönes Land. Die Menschen bekommen aber nicht die Chance, sich entwickeln zu können und unabhängig zu werden. Auch unsere Begleiter bestätigen mir: Das Land ist fruchtbar!

Bevor wir zu dem riesigen Flüchtlingslager fuhren, besuchten wir das Erziehungsministerium. Die Kirche muß für die Schulen, die sie betreibt, Miete bezahlen. Das macht für vier kleine Schulen 9000 Pfund für ein Jahr aus. Das ist viel Geld. Die Lehrer werden gesondert von der italienischen Caritas bezahlt. Hier ist die Kirche arm!

Ich komme immer mehr zu der Auffassung, daß es der Dritten Welt am meisten hilft, wenn die Erste Welt beginnt, einfach zu leben. So würden wir den geistigen Raum schaffen, in dem sich die Armen entwickeln können.

Nachmittags besuchen wir drei Schulen, in denen die äthiopischen Flüchtlingskinder unterrichtet werden. Es sieht alles hier sehr einfach aus. Mich begeistern immer wieder die Menschen: Sie sind schön.

Ich bin erschöpft und müde. In mir ist es leer oder voll, ich weiß es nicht. Eine Woche lang bin ich schon unterwegs. Das verbraucht anscheinend Kraft.

Herr, leite und führe mich! Gib mir die richtigen Gedanken!

Der Bischof feiert nun mit den Menschen die hl. Messe. Selbstverständlich singen und trommeln die Menschen mit Begeisterung. Ich lasse mich durch die Eucharistiefeier tragen: hingegeben oder teilnahmslos, ich weiß es nicht. Nach der Meßfeier wird noch sehr lange zur Ehre des Bischofs gesungen, getrommelt und getanzt. Zum Abschluß des Abends gibt es ein Basketballmatch. Es ist herrlich anzusehen, wie sich diese Menschen bewegen.

Wenn man euch vor Gericht stellt, macht euch keine Sorgen... der Geist eures Vaters wird durch euch reden.

(Matth 10,19–20)

Sonntag, 8. September 1985

Heute ist Sonntag. Um 6 Uhr beginnt die hl. Messe mit der Spendung des Firmsakramentes. Nachher versammelt sich die evangelische Gemeinde zum Gottesdienst in derselben Kirche. Das ist hier eine Selbstverständlichkeit. Probleme gibt es nur zwischen Katholiken und Orthodoxen. Alle Versuche der Annäherung werden von den Orthodoxen zurückgewiesen.

Im Pfarrhof von Kassala hält sich seit einiger Zeit P. Vittorio auf. Er ist eriträischer Kapuziner. Er erzählt mir über die furchterregenden Zustände in Eriträa. Er selbst flüchtete nach der vollständigen Zerstörung seiner Pfarre in Barentu hierher nach Kassala. Barentu liegt ungefähr 200 Kilometer von Kassala entfernt in Eriträa, Äthiopien. Die Stadt wurde durch die Guerillas bombardiert und zerstört. Wir haben keine Vorstellung, unter welchen Bedingungen in diesem Land die Menschen leben müssen.

P. Vittorio will wieder nach Barentu zurückkehren. Er weiß aber nicht, wie er das tun soll. Geht er offiziell über die Grenze, wird er vom äthiopischen Militär gefangengenommen und nach Asmara geschickt. Was aber dann weiter geschehen würde, weiß er nicht. Er kann aber auch versuchen, sich zu Fuß oder mit einem Kamel – vielleicht mit einer kleinen Gruppe von Händlern – unter der Deckung von Bäumen und Felsen durchzuschlagen. Dabei besteht die Gefahr, von den Guerillas gefangen oder von Räubern ausgeraubt zu werden. Die Wanderung würde vier Tage dauern. P. Vittorio muß zurückkehren! Das wurde von seinem Orden so bestimmt. Er koordiniert nämlich alle Hilfsmaßnahmen in der Gegend von Barentu. P. Vittorio bestätigt mir auch, daß das Internationale Rote Kreuz gut und sehr verläßlich arbeitet. Es ist leider richtig, daß ein Teil der Hilfsgüter vom Staat oder dem Militär beschlagnahmt und dann verkauft wird. Für die Hungernden ist es aber sicher besser, sie bekommen wenigstens einen Teil der Hilfsgüter als gar keine.

Nach der Kommunion, während der stillen Danksagung, betrachtete ich das Gesicht des Bischofs: Es war unendlich traurig; das ganze Leid und die Verworrenheit der Lage hier und in ganz Afrika wurden in ihm sichtbar. Es gibt zur Zeit fast kein Land in Afrika, in dem nicht Krieg herrscht. Die Menschwerdung ist ein schmerzlicher Prozeß!

Durch ein Gespräch mit P. Federico und P. Renato werde ich wieder ganz unsicher. Sie behaupten, daß viele Hilfsgüter verschwinden. Die Lagerverwalter und Lkw-Fahrer sprechen sich ab, nehmen einen Teil der Hilfsgüter und verkaufen sie am schwarzen Markt.

Plötzlich kommt mir in den Sinn: Ich muß nach Port Sudan fahren, um den Weg der Hilfsgüter verfolgen zu können. Ich frage, ob jemand mit mir nach Port Sudan fahren kann. P. Federico sagt: „Ich, morgen! Am Mittwoch ist ein großes kirchliches Fest der äthiopischen Kirche."

Für mich ist dies die göttliche Vorsehung: Das Zusammenfallen meines Wunsches mit der tatsächlichen Möglichkeit.

Heute vormittag besuche ich die Liga des Roten Kreuzes. Ich möchte nach den zwei Österreichern fragen: ein Mechaniker und eine Krankenschwester. Lorenz, den Mechaniker, finde ich sofort. Die Schwester kennt niemand. – Anscheinend bin ich in Wien falsch informiert worden. – Lorenz ist über die mangelnde Betreuung durch die Wiener Organisation enttäuscht. Er wünscht sich österreichische Zeitungen und bekommt keine.

Mit Lorenz besuche ich dann den Delegierten der Liga, Jean Marais, einen Belgier. Er arbeitet gerade an den längerfristigen Versorgungsplänen für die Dörfer, die zwischen Kassala, Port Sudan und der äthiopischen Grenze liegen. Diese Bevölkerung lebt teilweise nur von Milch und Fleisch, soll aber mit anderen Lebensmitteln auch vertraut gemacht werden. Jean Marais bestätigt mir auch, daß Lebensmittel verschwinden. Man soll aber nicht darüber reden. Einverstanden! Eine Mitteilung aber erschüttert mich: Er erzählt mir, daß Weizenmehl für diese Region nicht brauchbar ist. Die Menschen wollen nur Durra. Was geschieht aber dann mit dem Weizenmehl? Es liegen davon 6000 Tonnen in Port Sudan. Es wird mit Erlaubnis der Spenderländer – und da ist Österreich nicht genannt – gegen Durra umgetauscht. Ich frage noch Jean Marais, wieso nach Rücksprache mit dem Roten Kreuz in Genf von Österreich Weizenmehl angefordert wurde. „Das beruht auf einem Mißverständnis", ist seine Antwort.

Beim Mittagessen spreche ich mit dem Bischof und den Kapuzinern über das Thema Weizenmehl. Sie erklären, daß die Meinung des Roten Kreuzes ein Unsinn ist. Es wird in Kassala jede Menge Weizen gebraucht. Das Rote Kreuz soll der Kirche das Weizenmehl übergeben. Sie wird es an die

Armen verteilen. Ich glaube natürlich unseren Brüdern. Vielleicht kann ich mithelfen, Klarheit im Interesse der Hungernden in diese Sache zu bringen.

Dank sei dem Herrn, daß Er mich auch in Seine Kirche gerufen hat. Es ist schön, sich in dieser Kirche bewegen zu dürfen. Sie gibt uns Halt und Sicherheit, nicht so, wie es die Welt versteht, sondern wie es das Evangelium sagt.

Während der Abendmesse – es wird nochmals die hl. Firmung gespendet – erzählt mir P. Vittorio über den Krieg in Äthiopien, wie der jetzige Staatschef Mengisto alle Menschen, die ihm im Wege stehen, umbringen läßt. Er schildert, wie geraubt und geplündert wird...

Am Abend kommt noch Dr. Said Sabir. Er ist eriträischer Flüchtling und betreibt auf eigene Faust eine kleine Klinik. Er behandelt Schwangere und Mütter mit Kleinkindern. Die Menschen müssen nicht bezahlen. Jetzt geht dem Doktor das Geld aus. Seine kanadischen Freunde haben die Zahlungen eingestellt. Er bittet ganz inständig um Unterstützung. Vielleicht wäre das eine Sache für Dr. Sulzer in Pinkafeld. Dr. Said würde auch gerne eines seiner Kinder nach Europa zum Studium schicken. Ich erinnere mich auch sofort an den Wunsch von Dr. Wohlmayer, ein Kind auf Zeit zu übernehmen.

Ich frage den Doktor, ob Weizenmehl verwendet werden kann. Es ist das Beste, was es gibt, behauptet er! Wieso sagt das Rote Kreuz das Gegenteil?

Innerhalb weniger Stunden beginnt ein unheimlicher Sandsturm. Wir verlassen fluchtartig den Hof. Ein Gewitter folgt.

Betet ohne Unterlaß!
(1 Thess 5,17)

Montag, 9. September 1985

Nach neun Stunden Fahrt durch eine Sand- und Steinwüste kommen wir in Port Sudan an. Es ist unbeschreiblich heiß. Port Sudan ist die heißeste Stadt im Sudan. Die Luftfeuchtigkeit ist ebenfalls hoch.

Auf der Fahrt sahen wir Hunderte Lastwagen mit Lebensmitteln beladen in Richtung Kassala fahren. Neben der Straße lagen viele zertrümmerte Lastwagen und Tankfahrzeuge – wie nach einer Schlacht im Krieg. Die Fahrzeuge werden oft rund um die Uhr vom selben Fahrer gelenkt. Durch Übermüdung kommt es dann zu furchtbaren Unfällen.

Unser Autobus war eng und unbequem. Im Mittelgang standen zusätzliche Gartenstühle, auf denen auch Fahrgäste saßen. Der Lenker des Busses war ein uralter Mann mit einem ernsten, aber doch sehr interessantem Gesicht.

Am Vormittag waren in mir Wut und Ärger aufgestiegen. Bei einer solchen Stimmung kann das Gebet zur Schwerarbeit werden. Warum aber dieser Ärger? Nachdem ich nicht viel geschlafen hatte, wollte ich mein Morgengebet halten; nach zehn Minuten wurde ich zum Frühstück gerufen; dann eilten wir zum Bus. In meinem Kopf brummte es, und viele Gedanken gingen mir durch den Kopf. Endlich saß ich im Bus und wollte mit meiner „Schwerarbeit“ beginnen: Es sollte ein Rosenkranz werden, ein harter Kampf.

Nach vier Stunden Fahrt machten wir Rast. Die Rastplätze sehen wie Flüchtlingslager aus. Stroh- und Holzhütten stehen nebeneinander. Man kann einfaches Essen und Trinken kaufen. Lastwagen, Personenwagen und Autobusse stehen herum. Alles ist furchtbar staubig. Ziegen zwängen sich zwischen Menschen und Fahrzeugen durch und suchen Eßbares. Bettelnde Frauen, Kinder und alte Männer strecken uns ihre Hände entgegen. 20 Schritte von diesen Hütten entfernt beginnt wieder die Wüste. So weit gehen auch die Menschen, um ihre Notdurft im Freien zu verrichten.

P. Federico kaufte etwas von einem Bohnengericht sowie geröstete Leber und Brot. Wir setzten uns an einem wackeligen Tisch nieder. Auf diesem Tisch lagen die Überreste unserer Vorgänger. In mir stieg plötzlich eine furchtbare Wut hoch. Ich hatte das Gefühl, daß nicht einmal P. Federico genügend Ehrfurcht vor dem Essen hat. Er nahm aus dem Fladenbrot die Krume heraus und warf sie einfach auf den Boden. Dies fiel mir schon in den letzten Tagen auf, daß wir bei uns zu Hause viel mehr Wertschätzung vor dem Essen haben. Obwohl in diesem Land eine unvorstellbare

Not herrscht, wird mit den Gaben Gottes sehr lieblos umgegangen. Vielleicht bin ich zu empfindlich.

In Port Sudan sieht es aus wie in allen anderen Orten und Städten: holprige Straßen, überall Schmutz und Abfall. Ziegen und Kamele knabbern an den Müllhaufen herum. Kleinere Lehmhäuser stehen neben großen Steinhäusern. Die Autos wirbeln einen furchtbaren Staub auf. Der Geruch von brennendem Müll erfüllt die Luft.

Mit einem Taxi, das sich schon fast in seine Bestandteile auflöst, fahren wir vom Busbahnhof zur katholischen Pfarre. Die Pfarre wird von zwei Comboni Missionaren geleitet: der jüngere – P. Luigi – ist der Pfarrer, und der alte Herr – P. Sandro – ist der Prior und Direktor der Schule.

Bei Wasser und Kaffee erzählt uns dann P. Sandro seine Sorgen. Er braucht dringend Lehrer für seine Schule. Von einem Tag auf den anderen verlor er sechs Lehrer. Immer mehr Flüchtlinge kommen nach Port Sudan. Sie suchen Arbeit und wollen auch unterrichtet werden. Alle Hilfsmaßnahmen dauern furchtbar lange, bis sie zur Wirkung kommen. Der arme P. Sandro ist sehr verzweifelt. Er zeigt uns dann unsere Zimmer und unterweist uns genauestens, wie wir die Dusche und die Klospülung verwenden sollen. Der Pfarrhof ist schön. Es gibt viele Räume. Alles ist vorbildlich gepflegt.

Ich bin sehr dankbar für das Jesus-Gebet. Es ist eine wahre Quelle des Lebens. Dies erfuhr ich ganz stark in den letzten Tagen: besonders heute, bei dieser langen Autobusfahrt, bei dieser drückenden Hitze und eingezwängt in enge Sitze.

Herr Jesus Christus, erbarme Dich unser! Ja, erbarme Dich unser und aller Menschen.

...denn nur einer ist euer Meister, ihr alle aber seid Brüder.

(Matth 23,8)

Dienstag, 10. September 1985

Die Nacht verlief unangenehm. Im Freien und im Zimmer hatte es eine Temperatur von 35° C. Ich lag vollkommen nackt auf meinem Bett, und der Schweiß rann mir über das Gesicht. Auf der Straße kläffte ständig ein Hund.

Den Tag begingen wir mit der Eucharistiefeier. Es leben hier auch einige Comboni Schwestern. Die Pfarre unterhält eine große Schule mit ungefähr 1500 bis 2000 Schülern. In allen Gesprächen kommt immer wieder heraus, daß es keine Verständigung zwischen Moslems und Christen gibt. Ich spüre stark, wie die Christen die moslemischen Brüder und Schwestern nicht ernst nehmen. Der Weg der Christen müßte doch sein: sich ausnützen lassen, dienen, schweigen, lieben... das muß aber jeder für sich selbst entscheiden. Wie stark wäre eine dienende, demütige, bescheidene Kirche.

Es gibt mir auch zu denken, daß die ganze Kraft in die schulische Erziehung gesteckt wird. Was geschieht aber nach der Schule mit den Absolventen? Niemand lernt, wie man mit den Händen sein tägliches Brot verdienen kann. Land gibt es im Sudan genug. Wo sind aber die Hände, die es bestellen?

Die einzige Energiequelle des Landes ist die Holzkohle. Für die Zubereitung von warmen Speisen braucht man Holzkohle, und das in einem Land, wo es keine Bäume gibt. Niemand pflanzt Bäume! Und die Kirche hat fast keine afrikanischen Priester.

P. Sandro hat wahrlich ein leidendes Gesicht. Vielleicht ist er in seiner Art ein Heiliger. Er spürt seine Ohnmacht und Hilflosigkeit. Er spricht auch darüber. Aber wie kann es besser werden, wenn die Priester die einheimischen Mitarbeiter „boy" rufen? Wie soll es besser werden, wenn kein brüderliches Verhältnis zwischen den Priestern und den „Anderen" besteht?

Im Sudan ist alles möglich. Jeder spricht mit Gelassenheit über Mord, Raub, Korruption... „Wenn du die Straße über Akaba nimmst, mußt du aufpassen, da gibt es Räuber!"

„Gegenüber von unserer Kirche haben sie vor ein paar Tagen einen evangelischen Pfarrer erschossen." „Wir müssen Schmiergeld bezahlen, sonst bekommen wir die Waren nicht aus dem Zoll." „Hilfsgüter kannst du am schwarzen Markt kaufen."

Wer helfen will, der muß viel Phantasie und Ausdauer haben.

Um 11 Uhr hat es 40° C im Schatten.

Wir versuchen Kontakt mit Sudanaid aufzunehmen. Ich möchte einen Weg finden, wie man Hilfsgüter sicher in den Sudan bringen kann. Leider ist die Niederlassung von Sudanaid in Port Sudan nur für die medizinische Versorgung der Armen zuständig.

P. Federico will nicht vor Freitag nach Kassala zurückfahren. Ich würde gerne früher fahren. Es ist so unerträglich heiß. Vielleicht ist das mein Beitrag zur Hilfe, einfach erfahren zu müssen, unter welchen Bedingungen die Menschen leben und arbeiten.

Morgen, Mittwoch, beginnt das äthiopische Jahr. Am Abend wird P. Federico eine feierliche Messe zelebrieren.

Bei Lukas lese ich heute: *„Ich habe mich sehr danach gesehnt, vor meinem Leiden dieses Paschamahl mit euch zu essen. Denn ich sage euch: Ich werde es nicht mehr essen, bis das Mahl seine Erfüllung findet im Reich Gottes* (Luk 22, 15–16). Mir gefällt so gut: „... bis es seine Erfüllung findet im Reich Gottes." Für mich bedeutet das, was ich mir immer vorstelle: Im Reich Gottes wird alles Schöne und Gute unseres Lebens und noch viel mehr gegenwärtig sein, ohne Sehnsucht, mehr haben zu wollen.

Wer es nicht sieht, wird es nicht glauben: Am Nachmittag fahre ich mit einer afrikanischen Schwester in ein Slumgebiet von Port Sudan. Die Notquartiere sind aus Fetzen, Blech, Holz und Pappe zusammengebaut. Diese Stadt ist einige Kilometer lang und breit. Zwischen den „Häusern" stehen kleine Buden. Kleine Speisen und Getränke werden zum Kauf angeboten. Ziegen, Kinder und Erwachsene schlendern durch die staubigen Straßen. Der übliche Geruch von Müll und Kloake erfüllt die Luft. Mir wird übel bei diesem Gestank und 'diesem Anblick. Am Ende dieser Stadt der

Armen befindet sich ein kleines Pfarrzentrum. Eine Holzhütte ist die Kirche; eine weitere Hütte dient als Unterrichtsraum und für die medizinische Versorgung. Einige junge Männer begrüßen uns äußerst freundlich. Einer ist Katechist. Sie beginnen sofort ein Gespräch mit uns und versuchen ihre geringen Englischkenntnisse zu verwerten. Ein kleines Mädchen schlägt eine selbstgebastelte Rassel und singt und tanzt dazu. Unvorstellbar! In diesem Elend findest du Freude und Hoffnung. Unbegreiflich für den, der es nicht erfährt – und sieht.

Wir kommen zurück in die Hauptstation. Ich gehe in die Kirche, um zu beten.

...wer aber bis zum Ende standhaft bleibt, der wird gerettet.

(Matth 10, 22)

Mittwoch, 11. September 1985

Heute fühle ich mich besser. Gestern war es furchtbar. Ich dachte nur, wann wird das alles nur vorbei sein. Könnte ich nur schon zu Hause sein!

Wir müssen lernen auszuharren und standhaft zu bleiben. So wie die Schwestern hier, die ihren Dienst mit letzter Kraft verrichten.

Angeschlossen an die Pfarre leben Comboni Schwestern. Sie betreiben einen Kindergarten: Mindestens 100 Kinder kommen auf eine Aufsichtsperson. Eine Schwester ist dabei alt und taub. Sie kann sich selbst nicht hören und schreit deshalb mit den Kindern. Schwester Oberin hält zwei weinende Kinder an der Hand. Die Kinder sind traurig, weil sie noch nie ohne Mutter waren. Die Schwester spricht wie fast jeder, der hier in der Kirche arbeitet: ein hartes Leben, keine Hilfe zu erwarten, kein Urlaub, ein furchtbares Klima; in Europa versteht das niemand, wie es hier zugeht, wie hier gelebt wird, Unwissenheit, Lethargie...

Eine andere Schwester macht sich gerade auf den Weg, um in einem auswärtigen Kindergarten ihren Dienst zu tun. Sie ist Ägypterin, schwer krank, sie hat eine Art von Magenverschluß. Sie kann fast nichts essen und leidet furchtbare Schmerzen. Sie sagt: Einmal möchte ich in der Früh aufwachen dürfen und spüren können, daß es kühl ist.

„Was reden sie von Basisgemeinden", sagt Schwester Oberin zu uns, „wir sind weit davon entfernt!" Das ist aber für die eigenen Mitschwestern, die in Südamerika arbeiten, unverständlich. Kein Land kann mit einem anderen verglichen werden. Jedes Land und jedes Volk hat seine eigene Geschichte. Mit dieser Geschichte muß man fertig werden.

Herr, gib den Menschen Kraft! Stärke die, die dein Evangelium leben wollen. Bewahre sie vor Resignation. Wie können wir in Europa diesen Menschen helfen? Zeig es uns, Herr!

Es klingt hart, es ist aber die Wirklichkeit. Menschen liegen auf den Straßen herum wie Müll. Sie liegen auf Sandhaufen, entlang von Hausmauern, ausgestreckt, zusammengerollt, bedeckt mit schmutzigen Fetzen und Kleidern, Tag und Nacht! Doch jeder einzelne von ihnen ist eine Schöpfung Gottes. Für jeden hat der Herr einen Heilsplan erdacht. Und da liegen sie und neben ihnen der Müll: Autoteile, Fetzen, Dosen, Papier, Knochen, tierische und menschliche Exkremente. Ziegen schnüffeln und knabbern überall herum.

Wir besorgen uns die Buskarte für die Rückfahrt nach Kassala am Freitag. Wir machen in einem weiteren Elendsquartier einen Besuch bei einer älteren Christin. Ihr Mann ist erst vor kurzem gestorben. Die Fahrt durch diesen Slum macht mich wieder ganz fertig. Immer wieder kommt mir der Gedanke in den Kopf: Was ist der Sinn des Lebens für diese Menschen? Dabei bin ich überzeugt, daß sich die Menschen diese Frage nicht vorlegen. Aber, was geht das mich an? Ich muß den Sinn meines Lebens suchen und finden und nicht den der anderen. Lieben und Hoffnung haben! Hoffnung, die schon erfüllt ist, ist nicht mehr Hoffnung.

Die ältere Frau, die wir besuchen, ist gerade dabei, ihre Fußsohlen zu bemalen. Dazu macht sie mit Öl, Erde und Farbe einen Teig, den sie ornamentartig auf die Haut aufträgt. P. Federico setzt sich an den Rand ihres Bettgestelles uns spricht mit ihr. Ich unterhalte mich einstweilen mit Joseph, unserem Fahrer.

Joseph hatte erst vor kurzem einen schweren Autounfall. Ein Jahr lang verbrachte er im Spital. Bei dem Unfall wurde der Kopf weit aufgerissen und der Unterschenkel gebrochen. Der zersplitterte Unterschenkelknochen durchbohrte das Fleisch und die Haut.

Die Knochen waren, weil nicht gut eingerichtet, schlecht zusammengewachsen. Die Narbe am Bein ist nicht schön. Sie springt immer wieder auf. Joseph ist aber trotzdem froh, daß das so „gut" ausgegangen ist. Zuerst wollten sie ihm nämlich den Fuß amputieren. Zu seinem Glück stieß er aber auf einen ägyptischen Arzt, der das Bein retten wollte.

In der Ersten Welt sind das alles keine Probleme. In gut eingerichteten Unfallspitälern werden die schlimmsten Verletzungen „repariert" und geheilt. Hier aber...?

Ein Zimmer – das in unserem Sinn kein Zimmer ist –, also ein Raum zum Schlafen, kostet in dieser Gegend hier 40 bis 50 Pfund. Die Häuser und Hütten haben keine Adressen. Jeder, der Post bekommen will, muß einen der Post bekannten Ort nennen, wo die Briefe hingesandt werden können. Viele lassen sich ihre Briefe in die Pfarre schicken.

Je mehr internationale Organisationen in das Land kommen, desto mehr steigen die Preise für Mieten und Essen. Die Armen werden dadurch wieder ärmer. Wenige Reiche besitzen selbst hier in diesen Slums die „Häuser" und Hütten.

Ich bin schon sehr angeschlagen und überreizt. Es macht mich krank: P. Federico beißt ununterbrochen Nägel, bohrt in der Nase und stochert in den Zähnen herum. Andere Länder, andere Sitten... überall verrichten die Menschen ihre Notdurft nur ein paar Schritte abseits der Wege und Straßen. Es stinkt daher überall nach Misthaufen und Senkgrube.

Wie können in dieser Umwelt tiefere menschliche Beziehungen wachsen? Wie kann Zärtlichkeit entstehen, wenn es keinen Raum und keine Umgebung dafür gibt? Ich weiß es, fragen ist nicht gut. Liebe und tu das Gute!

Ich berichtete ja schon über das Elendsquartier, das wir gestern abends besucht hatten. Es scheint mir aber noch wichtig zu erwähnen, daß an diesem Ort vor zwei Jahren noch Wüste war. So schnell wächst die Stadt! Heute leben dort mehr als 10.000 Menschen. Ich frage P. Luigi, warum die Menschen in die Stadt ziehen, wenn sie doch nur wieder in ein Elendsquartier kommen. P. Luigi meint, daß das Leben im Slum angenehmer ist als draußen in der Wüste. Was sie sich täglich erbetteln, ist mehr als das, was sie selbst auf den kargen Böden erwirtschaften und sammeln können.

Anläßlich des äthiopischen Neujahres zelebriert P. Federico ein feierliches Amt im alexandrinischen Ritus. Der äthiopische Kalender ist sieben Jahre hinter unserer Zeitrechnung. Der Kalender hat zwölf Monate mit 30 Tagen und einen besonderen Monat mit fünf oder sechs Tagen.

Kinder sind eine Gabe des Herrn, die
Frucht des Leibes ist ein Geschenk.
(Ps 127, 3)

Donnerstag, 12. September 1985

Überall treffen wir eriträische Flüchtlinge. Die Eriträer sind ein kluges Volk. Sie finden Arbeit oder beginnen mit eigenen kleinen Geschäften.

Ein ehemaliger Schulfreund von P. Federico betreibt ein Fuhrwerksunternehmen und eine Lkw-Werkstätte. In dieser Werkstätte werden aus alten unbrauchbaren Lastwagen neue zusammengebaut. Im Hof der Werkstätte sieht es aus wie auf einem Autofriedhof. Der Sandboden ist mit Öl getränkt. Überall liegen Autoteile, Ölfässer und Blechteile herum. Die Arbeit macht sich bezahlt. Die Eigentümer – eine eriträische Familie – fahren nach Italien oder England und kaufen dort die Dinge, die sie brauchen und hier nicht bekommen.

Wir besuchen auch ein eriträisches Mädchen. P. Federico möchte Frieden zwischen ihr und P. Sandro stiften. Das Mädchen will die Schule, in der P. Sandro Direktor ist, besuchen. Sie kommt aus einer Schule in Kassala, für die P. Federico verantwortlich ist. Sie hat auch das entsprechende positive Zeugnis. P. Sandro will aber, daß das Mädchen eine Aufnahmeprüfung macht, da er von jemandem gehört hat, daß das positive Zeugnis gekauft ist. – Diese Sorgen gibt es anscheinend überall!

Der Herr erdachte für jeden Menschen einen Heilsplan...

Eine arme Frau mit einem kleinen Kind kommt langsam in den Hof der Pfarre. Sie geht langsam und sieht sich alles an. Ihr Körper ist in verschmierte Tücher gehüllt. Das Kind geht in roten Socken auf dem sandigen Weg. Es hat nur ein kleines Hemd an. Die Mutter geht auf die Wasserleitung zu, wäscht dort ihre Hände, ihr Gesicht und füllt in eine schmutzige Flasche Wasser. Jetzt kommt sie langsam zu mir her und spricht mich arabisch an. Ich bitte Joseph, daß er mir sagt, was sie will: Sie bittet um eine Kleinigkeit für sich und ihr Kind. Sie hat ein schönes Gesicht, und ihre Bewegungen sind würdevoll. Ich gebe ihr fünf Pfund. Sie bedankt sich und bindet ihr Kind in einem großen Tuch mit viel Geschick am Rücken fest. Sie verläßt den Hof... langsam... wohin?

Joseph erzählt mir: Das ist eine von P. Luigis Kunden. Sie ist ganz einfach, vielleicht sogar etwas dumm. Aber, was soll man schon tun? Die Geschichte eines Menschen, einer Frau und Mutter... dieser Mensch ist von Dir, Herr, gewollt. Du lebst in ihm. Was hast Du mit dieser Frau vor? Und was geht das mich an?

Entlang der Küste des Roten Meeres ist Wüste. Eigenartig! Wasser grenzt unmittelbar an die Wüste an. Wellen rollen von offener See gegen das Land und brechen ungefähr 200 Meter vor dem Strand. Zwei bis drei Meter unterhalb der Wasseroberfläche erstreckt sich ein kilometerlanges Korallenriff. An diesem Riff brechen die Wellen. P. Luigi borgte mir seine Badehose und das Tauchglas. Ein junger Äthiopier, Joseph, P. Federico und ich fuhren 20 Kilometer außerhalb von Port Sudan an den Strand, um diese Wunderwelt von Korallen und Fischen anzusehen und zu genießen.

Eine unvorstellbare Traumwelt! Fische in allen Farben, Formen und Größen, wie ich sie noch nie in meinem Leben gesehen hatte, schwimmen zwischen den Korallen im lauwarmen Wasser des Meeres. Korallen: violett, leuchtend blau, in allen Formen, spitz, rund, kantig... phantastisch!

Wir sind fast alleine an diesem endlos weiten Strand. Drei Neger schleppen weit weg von uns Fischernetze durch das Wasser. Zwei riesige Vögel stehen im Wasser und schauen sich die Welt an.

Die Sudanesen gehen nicht baden. Hängt das mit der

Zivilisation zusammen? Hat der arme und einfache Mensch kein Empfinden für die Schönheit der Natur? Ist das auch vielleicht ein Grund, warum so viele von ihnen das karge, aber schöne Land verlassen und in die trostlosen Slums ziehen? Dann stört sie auch nicht, wenn Müll und Autowracks inmitten der herrlichen Landschaft liegen. Der Blick für Schönheit dürfte doch etwas mit Erziehung und Bildung zu tun haben.

In mir ist Finsternis und Freudlosigkeit. Es geht mir schlecht! Alles hat aber in unserem Leben seinen Sinn. Alles dient unserem Heil. Das weiß ich alles. Wenn aber Finsternis und Freudlosigkeit auf der Seele lasten, dann hilft all dieses Wissen nichts. Nur der Geist Gottes kann aufhellen und befreien. Im Bereich der Seele ist nichts machbar. Es kann nur an uns geschehen. Bitten kann ich, bitten muß ich.

Herr, schenke mir Licht und Freude!

Ich nütze die Zeit zum Gebet. Das Gebet wird seine Erfüllung finden. Ich muß es endlich aufgeben, für alles Lösungen anbieten zu wollen, zu wissen, wie es weitergeht, und, und...

Der HERR ist mein Licht und mein Heil:
Vor wem sollte ich mich fürchten?
(Ps 27, 1)

Freitag, 13. September 1985

Wir fahren von Port Sudan nach Kassala. Die einzige Straße, über die fast der ganze Sudan versorgt wird, gleicht einem Schlachtfeld: umgestürzte Lastwagen, ausgeronnenes Erdöl. Säcke mit Getreide, alles liegt neben der Straße. Auf der Straße werden Reifen gewechselt, Motoren zerlegt und wieder zusammengebaut. Hunderte von Fahrzeugen bewegen sich in beiden Richtungen.

Wir kommen durch eine Sand- und Steinwüste. Die großen, abgerundeten Steine schimmern an der Oberseite braun, als ob sie von der Sonne gebräunt wären. Sie liegen da und lassen sich bräunen wie die Menschen. An der Unterseite glänzen die Steine hell. Bricht man einen „gebräunten“ Stein, so ist die Innenseite gleichfalls hell.

Im Autobus fahren auch Angehörige eines kriegerischen Stammes mit uns. Dieser Stamm lebt im Grenzgebiet zwischen Äthiopien und dem Sudan. Die Männer tragen große, scharfe, gebogene Schwerter. P. Luigi sagte mir vor der Abfahrt, daß diese Menschen leicht reizbar sind und sehr wild werden können. Wenn ihnen etwas nicht gefällt, kann es sein, daß sie das Schwert nehmen und einfach dreinschlagen.

Viel feiner Sand schwebt in der Luft. Es ist daher nicht klar. Das Licht ist diffus. Es sieht so aus, als ob es Nebel wäre. Wir machen auf einem Rastplatz wieder eine kleine Pause. Wir trinken Tee und essen eine Kleinigkeit. Der Wind treibt den Sand unbarmherzig über Menschen und Fahrzeuge hinweg. Auf diesem Rastplatz gibt es viele neue kleine Lehmhütten, Hütten aus Matten und Holz. Kinder gehen herum und verkaufen Zigaretten, Kaugummi und ausländische Hilfsgüter; wahrscheinlich vieles geschmuggelt oder gestohlen.

In einer Imbißhütte sitzt in einer Ecke ein Krieger mit Schwert bei einer verschleierten Frau. Beide essen, die Frau hebt dabei den Schleier und führt von unten das Brot zum Mund. Sie unterhalten sich dabei sehr angeregt. Alle steigen in den Bus. Wir wollen weiterfahren. Der Bus hat eine Panne, aus der Druckluftleitung strömt Luft aus. In aller Ruhe steigen die Leute aus und warten, was geschehen wird. Der Busfahrer macht sich an die Arbeit. Ich bleibe im Bus und schreibe diese Zeilen.

Gestern Abend waren P. Federico und ich bei jener eriträischen Familie zu Gast, die das Transportunternehmen und die Werkstätte betreibt. Sie fahren oft nach England und Italien, um sich dort die Dinge zu besorgen, die sie im armen Sudan nicht bekommen. Es ist überall so, daß sich die Reichen und Tüchtigen ihre materiellen Vorteile verschaffen. Es stimmt zwar, daß die Reichen an den Armen verdienen, aber die Armen bedienen sich der Dienste, die die Reichen anbieten, wie man es hier sieht: Autobuslinien, Wohnungen, Transportfahrzeuge, handwerkliche Leistungen. Es bleibt aber die Frage: Was ist der angemessene Preis für die gebotene Leistung?

Entwicklung ist auch, Ausdauer haben zu können, fleißig sein zu können, verläßlich zu sein. Tausende Eriträer kommen in den Sudan. Sie sind Flüchtlinge und finden sich gut zurecht. Fast alle Chauffeure sind Eriträer. Sie versuchen sofort in die Schule gehen zu können, um vor allem Englisch zu lernen. So finden sich diese Menschen als Flüchtlinge besser zurecht als die armen Sudanesen.

Die Reparatur ist gelungen. Mit einer Stunde Verspätung fahren wir weiter in Richtung Kassala. Auf der Straße liegen viele Sandwächten. Der Wind baut sie auf, und wenn der Bus durchfährt, beginnt er aufzuschwimmen.

Meine Gedanken gehen hin und her, hinauf und hinunter. Was kann ich in diesem Land tun? Was kann ich zu Hause für dieses Land tun? Oder, wie soll ich weiterleben? Einfach und bescheiden in Gemeinschaft mit Trude leben; dankbar und offen für die Menschen sein. Mit viel Freude denke ich an unsere Kinder. Die Gemeinschaft mit meiner geliebten Frau stärkt mich immer wieder. Du, Herr, bist unsere Mitte. Wenn Du bei uns bist, mußt Du doch auch für die anderen sichtbar sein.

Was soll nun aus dieser Reise in den Sudan werden? Der Herr hat mich hergeführt. Er will doch etwas von mir. Aber was?

Ich bin jetzt zurück in Kassala und fühle mich etwas näher meiner Heimat. Ich sehne mich wieder nach körperlicher Arbeit. Ich denke oft an das Glashaus, die Erde und den Mist. Ich glaube, in einer Woche werde ich nach Hause fahren.

Gestern las ich in der Comboni Missionszeitschrift „Nigrizia“:

Am 24. Juli dieses Jahres wurde der Comboni Missionar Ezechiele Ramin in Cacao, Brasilien, erschossen. Landlose Landarbeiter besetzten Land von reichen Großgrundbesitzern. Ein Katechist holte Ezechiele, damit er zwischen den streitenden Parteien vermittle. Es gelang ihm, die Landarbeiter dazu zu bewegen, keine Gewalt anzuwenden. Ezechiele fuhr dann mit dem Katechisten im Auto wieder nach Hause. Das Auto wurde auf offener Straße angehalten und von durch die Großgrundbesitzer gedungenen Mördern beschossen. Ezechiele wurde getötet, der Katechist verletzt.

Was ihr für einen meiner geringsten Brüder getan habt, das habt ihr mir getan.

(Matth 25, 40)

Samstag, 14. September 1985

Es beeindruckt mich sehr, wenn sich die in ihre langen Tücher eingehüllten Frauen in der Kirche vor dem Herrn niederwerfen: ein Zeichen von Würde, Demut und Hingabe. Die Menschen grüßen sich hier mit dem brüderlichen Kuß.

Wir besuchen die Klinik von Dr. Said Sabir. Es ist unbeschreiblich, unter welch einfachen Bedingungen er arbeitet: Lehmfußböden, Staub, keine Bettwäsche, keine Kochmöglichkeiten... Dr. Said behandelt schwangere Frauen und Mütter mit ihren Kleinkindern. Der sauberste Raum ist der Kreißsaal. Hier gibt es einen Linoleumfußboden, einen Ölanstrich an der Wand, zwei Geburtstische, aber kein Fließwasser. Für jeden Patienten legt Dr. Said eine Karteikarte an. Er versucht die Mütter in Hygiene und Ernährung zu unterweisen. Unterernährte Kleinkinder bekommen hier auch zweimal täglich eine entsprechende Aufbaunahrung. Regelmäßig werden 70 Kinder betreut. Die Kinder sind oft so schwach, daß sie nicht essen können. Ihre Haut hat am Bauch viele Falten.

Dr. Said bildet auch Schwestern für Hausbesuche aus. Im Jahr stehen dem Doktor 8000 US-Dollar zur Verfügung. Das Haus, in dem die Klinik untergebracht ist, ist gemietet. Ein zweites Haus muß er zurückgeben, weil er die Miete nicht mehr bezahlen kann. Dr. Said benötigt alles: Medizin, Instrumente, Wäsche, Betten, Eiskasten, Kochherd, Laboreinrichtungen, Kopiergerät, Stromaggregat, Trockenmilch, Weizenmehl, Fett... Dr. Said wird mir nach Österreich Unterlagen über die Klinik und ihre Arbeit senden.

Ich glaube, hier kann sogar mit wenig Geld sinnvoll geholfen werden. Dr. Said ist Mohammedaner. Das wäre wirklich Ökumene: Eine Zusammenarbeit zwischen katholischer Kirche und dem moslemischen Eriträischen Roten Kreuz. Der Doktor ist mit den Kapuzinern hier in Kassala eng befreundet.

Morgen wird im Flüchtlingslager von Girba eine neue Kirche eingeweiht. Dieses Lager besteht schon seit vielen Jahren und ist 60 Kilometer von Kassala entfernt. Zu Mittag beschließen die drei Kapuziner, daß wir am Nachmittag alle nach Girba fahren. Dort werden wir auch P. Jan, der Weißer Vater ist, treffen. Die Pfarre in Kassala wird bis Sonntag abend geschlossen. Ein Katechist wird geholt. Er wird die Pfarre und die Kirche „behüten". Die Menschen von Kassala können morgen um 17 Uhr zur hl. Messe kommen.

Das Flüchtlingslager von Girba ist auf Sandhügeln errichtet. Die neue Kirche steht alleine auf einem dieser Hügel. Es ist eine wunderbare Komposition von Formen: Landschaft und Lehmarchitektur. Wir kommen gegen Abend zur neuen Kirche. Es wird gerade gebetet und gesungen. P. Jan weiht den Altar. Frauen, Männer und Kinder kommen auf uns zu, um uns zu begrüßen. Sie küssen die Hände der Priester, auch die meinigen. Sie nehmen an, daß ich auch Priester sei.

Es ist bereits dunkel. P. Jan und ich sitzen vor der Kirche und sprechen über seine Arbeit und das Wirken der Kirche im Sudan. Während unseres Gesprächs wird in der Kirche getrommelt und getanzt. P. Jan ist ein lieber Belgier. Er ist ungefähr 40 Jahre alt. Er lädt mich ein, mit ihm in einer Hütte im Pfarrzentrum von Girba zu übernachten.

Der Ort Girba liegt ein paar Kilometer vom Lager entfernt. Bevor wir zum Pfarrzentrum fahren, besuchen wir noch zwei Familien. Die erste Familie: ein Mann, zwei Frauen, zwölf Kinder in zwei Räumen. Die Kinder sind getauft und kommen zum Religionsunterricht. Die Frauen sind nicht getauft, gehen aber zur hl. Messe. Der Mann ist Heide. P. Jan sieht keine Möglichkeit, den Frauen von kirchlicher Seite eine Lösung für ihre Situation anzubieten.

Die zweite Familie: sie ist christlich. Der Vater leitet den Kirchenchor. Das Haus und der Garten sind sehr sauber. Wir werden herzlich aufgenommen und sollen auch essen. Wir beten ein Tischgebet, doch das, was dann auf den Tisch kommt, ist furchtbar. Es riecht und schmeckt scheußlich. Mir dreht es den Magen um. Ich esse nur ein wenig vom Fladenbrot.

Das Pfarrzentrum von Girba besteht aus einer Wellblechkirche und zwei kleinen Lehmhütten. In einer dieser Hütten bekomme ich ein Bett. Gott sei Dank! In Frieden schlafe ich ein.

Alles, was atmet, lobe den Herrn!
Halleluja!

(Ps 150, 6)

Sonntag, 15. September 1985

Früh am Morgen versammeln sich die Menschen am Platz vor der Kirche. Sie wollen gemeinsam zur Einweihung der Kirche in das Lager fahren. P. Jan sagt mir, daß diese Lehmhütten alle fünf Jahre neu gemacht werden müssen. Sie fallen einfach zusammen. Ich kann es sehen, wie in den Ecken Risse und Spalten entstehen. Da können kleine Verbesserungen viel helfen: die Eckverbände besser ausführen, tragende Fundamente mauern...

Aus allen umliegenden Dörfern kommen Abordnungen zum großen Kirchweihfest. Alle bringen ihre Trommeln und Zimbeln mit. Die Kirche ist übervoll. Vor der Kirche stehen wenigstens genauso viele Menschen wie in der Kirche sind. Die hl. Messe ist ein großes Gemeinschaftserlebnis. Die Gruppen aus den verschiedenen Orten singen und tanzen ihre Lieder. Persönliche Andacht gibt es bei so einem Fest nicht. Ich lasse mich von der Gemeinschaft tragen und tauche mit ihr in die Gemeinschaft Gottes ein. Nach der Eucharistiefeier wird das Allerheiligste dreimal in einer Prozession um die Kirche getragen.

Wenn die Menschen auch einfach sind, sie tragen Würde. Ich kann mich an ihnen nicht sattsehen. Vielleicht gehören Würde und Demut zusammen. Beides haben sie. Die religiöse Feier geht nahtlos in ein Volksfest über. Es wird getanzt, getrommelt, gesungen und gegessen. Ich bin mit eingeladen, in eine nahegelegene Lehmhütte mitzukommen. Dort versammeln sich alle Ehrengäste, und das Essen wird serviert. Ich kann das Essen wieder nicht ansehen und riechen: stark in Fett geröstetes Fleisch und saure Fladen. Es hat einen widerlichen Geschmack. Als zweiten Gang gibt es eine Art Gulasch. Davon esse ich etwas. Alle greifen mächtig zu, besonders P. Federico. In der Hütte ist es unvorstellbar heiß, alle schwitzen.

Plötzlich gibt es wieder einen neuen Beschluß: Die Tochter eines Katechisten von hier lebt in einem anderen Lager. Sie hat gerade ihr erstes Kind bekommen. Wir müssen sie besuchen. Es fällt mir immer wieder auf, daß die Menschen sehr spontan entscheiden. Viele kleine, unbedeutende Dinge besprechen sie oft unendlich lang. Diese beiden Eigenheiten machen mich voll von inneren Aggressionen.

Die junge Mutter stillt gerade ihr Kind. Wir sitzen alle zusammen in ihrer Hütte und trinken ein selbstgemachtes alkoholisches Getränk. Viele Gedanken gehen mir durch den Kopf: Ein elendes Leben müssen diese Menschen leben. Dabei sind sie so wunderbare Geschöpfe. Ich kann es nur schwer begreifen, daß sie so, wie sie hier leben müssen, zu Verherrlichung Gottes beitragen. Die meisten Frauen sind schwanger. Wir sollten den Menschen einen Weg für ein sinnvolles Leben zeigen. Jeder hat Fähigkeiten und Talente, die er einsetzen möchte. Ich bete, daß sie einmal alle die Chancen bekommen, mit ihrer Hände Arbeit für ihr Leben zu sorgen. Ich glaube, daß viele Kinder aus der Hoffnungslosigkeit dieser Situation gezeugt werden. Der letzte Zufluchtsort ist eben die geschlechtliche Vereinigung.

Besuche sind hier sehr wichtig. Obwohl der Vater der jungen Mutter kaum mit seiner Tochter redet, ist allein das Hiersein Anerkennung und Liebesbeweis. Die Frauen des Hauses bemühen sich ohne Unterbrechung um das Wohl der Männer. Die Männer lassen sich bedienen und unterhalten sich einstweilen untereinander. Es werden Getränke und Brot angeboten. Nach ungefähr einer Stunde machen wir uns auf den Weg nach Kassala. Das erste Stück des Weges ist nur Piste. P. Renato fährt mit dem Landrover wie ein Wilder. Ich habe das Gefühl, der Wagen zerlegt sich bald in seine Bestandteile.

Ich habe beschlossen, nicht mehr mit P. Jan nach New Halfa zu fahren. Ich habe genug Informationen, die ich erst verarbeiten muß. In New Halfa wäre ein weiteres Flüchtlingslager.

Ich möchte so schnell wie möglich nach Khartoum fahren und dort noch einige Gespräche mit Sudanaid, dem Rotary Club, P. Galli und dem österreichischen Handelsdelegierten führen. Dann werde ich genug Eindrücke gesammelt haben und ehestens nach Österreich zurückfliegen. Ein längerer Aufenthalt im Sudan bringt vorerst nicht mehr viel. Ich weiß genug, um mit Hilfsprogrammen beginnen zu können. – Außer der HERR zeigt mir noch einen anderen Weg.

Die gottgewollte Traurigkeit verursacht nämlich Sinnesänderung zum Heil... die weltliche Traurigkeit aber führt zum Tod.

(2 Kor 7, 10)

Montag, 16. September 1985

Wenn ich mich richtig erinnere, beginnt Opa heute mit seiner Kur. Ich hoffe, sie wird ihm helfen. Gott gebe es!

Gestern bekam ich keine Buskarte mehr für den heutigen Bus nach Khartoum. Ich dachte, wenn es Gottes Wille ist, daß ich heute noch wegfahren soll, dann wird sich auch noch ein leerer Busplatz finden.

Und es ist so. Um 6 Uhr früh warte ich mit P. Renato beim Bus, ob jemand eine Karte zurückgibt. Ein Mann kommt und gibt die Karte, die ich brauche, zurück. Somit kann ich einsteigen und abfahren in Richtung Khartoum.

Man muß sich in allem an afrikanische Dimensionen gewöhnen. So wäre eine Autobusfahrt von acht Stunden bei 40 bis 50° C in Europa ein unvorstellbares Unternehmen. Hier ist das üblich, und man verliert darüber kein Wort. Ich beginne zu lernen.

Die Busfahrer fahren alle wahnsinnig schnell. Heute sitzt wieder so ein Rennfahrer am Steuer. Ich fühle mich aber nicht unsicher.

Etwa alle 80 bis 100 Kilometer werden wir von Militärstreifen aufgehalten und kontrolliert. Die Soldaten gehen durch den Bus, sehen die Leute an, verlangen Ausweise und steigen dann wieder aus. Ich kenne nicht den Grund für die häufigen Kontrollen.

Im Bus setzt sich ein junger, eleganter Araber neben mich. Später erfahre ich, daß er ein selbständiger Kaufmann aus Khartoum ist. Er spricht ganz gut Englisch und lädt mich während einer Fahrtunterbrechung zu einem Kaffee und einem Cola ein.

Während der Busfahrt kommen mir viele Gedanken: Viel habe ich in den letzten Tagen gesehen und erlebt; schöne Erinnerungen aus meinem ganzen Leben steigen in mir auf... wie die Buben klein waren... die Anfänge im Haus im Gspöttgraben... Da merke ich, wie sich Traurigkeit und Melancholie über mich ausbreiten. Das ist aber vom Bösen, denn es will, daß wir im Weltlichen hängen bleiben. Ich bete, daß Hoffnung und Freude zurückkehren. Ich möchte mich nach Gott ausstrecken und mich über alles freuen dürfen, was in meinem Leben noch geschehen wird. Es ist anscheinend unendlich schwer, sich bis in die letzte Konsequenz dem Herrn anzuvertrauen.

Fast eine Stunde fahren wir kreuz und quer durch Khartoum, bis der Taxifahrer endlich das „Christian Encounter Center“ in Khartoum-Kober findet. Ein riesiges Anwesen am Ufer des Nil mit großen alten Bäumen, einem kleinen alten Haus im europäischen Stil und einem Rohbau eines modernen Konferenzzentrums ist dieses Erholungszentrum für sudanesische Mitarbeiter der Kirche. P. Galli ist für diesen großen Komplex verantwortlich.

Eine Schwester öffnet mir die Türe zu dem alten Haus und sagt mir, daß P. Galli gerade schläft; er hat einen Malariaanfall gehabt. Nach eine Stunde des Wartens kommt P. Galli und gibt mir ein Zimmer. Er weiß schon vom Bischof, daß ich hier ein Zimmer für ein paar Tage bewohnen darf.

Ich gebe mein Gepäck in das Zimmer, und dann muß ich sofort mit P. Galli einen Rundgang durch den Neubau machen; dabei erklärt er mir alles: die Funktion der einzelnen geplanten Räume und daß fast alles, was hier eingebaut wird, aus Italien kommt. Ich bin sprachlos und erschrocken, in welch luxuriösem Stil dieses Erholungszentrum gebaut wird: Es entspricht dem Stil einer der bekannten internationalen

Hotelketten. Und die Aufgabe des Hauses ist: Kurse und Erholung für Missionare anzubieten, die im Sudan arbeiten.

Ich glaube nicht, daß dies der Stil ist, in dem sich die Kirche präsentieren soll: Es ist Luxus, das ist unmöglich, ich bin ganz verärgert! Mein Vorschlag wäre, den Rohbau samt dem Grundstück an eine Hotelkette zu verkaufen und das Geld für ein der Kirche entsprechendes kleines und bescheidenes Erholungszentrum an einem stillen, aber ärmeren Ort zu verwenden.

Das Grundstück ist phantastisch, es ist eine Pracht. Es erstreckt sich entlang des Nil. Große grüne tropische Bäume werfen einen angenehmen Schatten. Riesige Mangobäume liefern Hunderte Kilo dieser beliebten Frucht. Hinter dem alten Haus gibt es ein Schwimmbad.

Mit mir im Haus wohnt auch der Br. Anjelo von den St. Joseph's Brothers in Wau im Südsudan. Br. Anjelo ist ein Nilote, d. h., er ist ganz schwarz, sehr groß und dünn. Die St. Joseph's Brothers sind eine Bruderschaft von Einheimischen, und ihre Aufgabe ist die Evangelisation. Sie leben ganz arm. Im Südsudan tobt ein unbarmherziger Bürgerkrieg. Auf den Pisten ist es unmöglich, mit dem Auto zu fahren, man wird angeschossen oder gefangengenommen. Br. Anjelo wartet, bis er einen Platz in einem teuren Lufttaxi nach Wau bekommt. Er mußte auch mit dem Lufttaxi hierher nach Khartoum fliegen, um Geld vom Bischof für seine Fraternität zu holen. Wenn ihnen der Bischof kein Geld gäbe, würden sie verhungern.

Der Bürgerkrieg zwischen dem islamischen Norden und dem christlichen Süden hält das Land schon seit Jahren in Atem. Terror und Mißtrauen beherrschen das Leben. Es gibt nicht nur zwei Fronten. Es sind viele, und niemand kennt sich wirklich aus.

Seht, ich sende euch wie Schafe mitten unter die Wölfe; seid daher klug wie die Schlangen und arglos wie die Tauben!

(Matth 10, 16)

Dienstag, 17. September 1985

Ich sitze unter den riesigen Bäumen am Nilufer und lese zum zweiten Mal den Brief von Gertrude, den ich heute im Büro des Bischofes vorgefunden habe. Dann sitze ich einfach, schaue in den Fluß und denke über den vergangenen Vormittag nach.

Der Nil ist ein gewaltiger Fluß. Riesige Mengen seines dunkelbraunen Wassers wälzen sich in dem weiten Flußbett dahin. Mir kommt der Bericht aus dem alten Testament über den kleinen Moses in den Sinn: Die Tochter des Pharao findet ihn in einem kleinen Korb im Schilf am Ufer des Nil.

Am Morgen begleitete mich Br. Anjelo zum Büro des Bischofs, wo eben der Brief von Gertrude lag. Es war für mich eine große Freude. Ich bin immer ganz betroffen, wenn ich Briefe von meiner geliebten Frau lese. Dann machte ich mich auf den Weg, um eine Flugmöglichkeit nach Wien zu finden. Es war nicht einfach. Bei KLM gab es keine Flüge. So ging ich zur Lufthansa. Fein! Freitag geht das nächste Flugzeug. Und dann – welche Enttäuschung! Sie wollten keine US-Dollar zur Bezahlung nehmen. Ich dachte, was ist der Wille Gottes? Soll ich dafür kämpfen, diesen Flug zu bekommen? Plötzlich bemerkte ich, daß ich meine Landkarte vom Sudan verloren hatte. Das war für mich das Zeichen, für meinen Flug am Freitag zu kämpfen.

Ich machte mich auf den Weg zum österreichischen Handelsdelegierten und erzählte ihm, daß ich bei der Lufthansa nicht in US-Dollar bezahlen kann. Herr Rattinger nahm das Telephon in die Hand und rief den Manager der deutschen Fluglinie an. Ja, offiziell dürfen sie keine Dollars nehmen, ich soll aber kommen und bei einem gewissen Herrn das Geschäft abwickeln.

So ist es im Sudan: Mit Bestechung oder persönlichen Beziehungen geht alles. Ich setzte das Gespräch mit Herrn Rattinger noch fort. Wir unterhielten uns über die schwierige

Lage, in der sich dieses Land befindet. Herr Rattinger ist auch ganz betroffen, er weiß keinen richtigen Weg und fragt sich auch, ob wir unbedingt diesen Menschen unsere Lebensweise einreden und empfehlen sollen. Man kann objektiv feststellen, daß der Sudan bis vor zehn Jahren ein kleines Paradies war; das Kanalnetz funktionierte perfekt – heute nicht; die Straßen waren sauber, und überall waren Blumen gepflanzt – heute gibt es nur Sand und Schmutz; die Fabriksanlagen funktionierten nur solange, als sie unter ausländischem Management standen; der Sudanese sieht, daß ein anderer einen Fehler macht, er geht aber nicht zu ihm und klärt ihn über diesen Fehler auf...

Herr Rattinger bestätigte mir auch, was wir sehr oft schon besprochen hatten, daß die Landespolitiker an einer Verbesserung der Lebenssituation des sudanesischen Volkes nicht interessiert sind. Es wird oft Hilfe von verschiedenen Ländern angeboten, die sudanesische Regierung nimmt sie aber nicht an.

Beim Mittagessen spreche ich mit P. Galli über dasselbe Thema. Er sagt Ähnliches wie Herr Rattinger. Dann frage ich ihn auch, ob er der Meinung ist, daß die Christen verantwortungsbewußter wären. „Ja! Gott sei Dank! Bei den Christen gibt es mehr Verantwortungsbewußtsein.“

Beim Tee spreche ich mit Br. Anjelo über das Leben seiner Kommunität. Sie haben ungefähr den gleichen Tagesablauf wie die Franziskus-Gemeinschaft am Kalvarienberg. Sie feiern nur nach dem Morgengebet täglich hl. Messe. Br. Anjelo ist ein ganz lieber Mensch. Die Gemeinschaft lebt ganz arm. Sie bekommt im Monat vom Bischof 150 Pfund (etwa öS 900,–). Das persönliche Taschengeld beträgt 5 Pfund (etwa öS 30,–) pro Monat.

Die erste Aufgabe der St. Joseph's Brothers ist die Evangelisation. Br. Anjelo ist schon 20 Jahre Mitglied der Gemeinschaft. Das Noviziat beträgt zwei mal drei Jahre, anschließend legt man die ewigen Gelübde ab. In ihren kleinen Zimmern haben sie nicht einmal einen Tisch. Das Haus, das sie bewohnen, ist noch nicht fertig gebaut. Sie werden von Misereor in Deutschland unterstützt. Ich glaube, wir sollten ihnen auch helfen.

Ich fühle mich ganz miserabel. Ich bin verkühlt und das

bei 45° C im Schatten. Ich habe Gliederschmerzen. Der Schweiß rinnt mir über Gesicht und Körper. Ich versuche das in Geduld anzunehmen.

Herr Rattinger erzählte mir noch, daß heute in der Zeitung zu lesen war, daß die österreichische Caritas ein Flugzeug in den Sudan schickt. Es ist das Flugzeug, das Dolores Bauer organisiert und zusammengebettelt hat. Die Selbstbesteuerungsgruppe von Wiener Neustadt bezahlte auch dafür.

Br. Anjelo ist sehr erfreut, als ich ihm für jeden Bruder seiner Gemeinschaft 20 Pfund gebe. Mit wenig kann man viel Freude bereiten.

Wenn nicht der HERR das Haus baut, müht sich jeder umsonst, der daran baut.

(Ps 127, 1)

Mittwoch, 18. September 1985

Die vergangene Nacht verlief nicht gut. Lange Zeit lag ich wach im Bett. Mein ganzer Körper war naß vom Schweiß. Immer wieder versuchte ich zu beten. Im Buch von Henri Nouwen steht: Hoffend warten ist die Voraussetzung eines geistlichen Lebens.

Ganz stark beschäftigt mich der Bau dieses Bildungshauses (Christian Encounter Center). P. Galli wurde vor langer Zeit mit der Durchführung dieses Projektes beauftragt. Mehr und mehr zogen sich die Geldgeber zurück. Auch der Bischof, unter dem der Bau begonnen wurde, ist bereits in Pension. Der neue Bischof Gabriel will natürlich den Bau fertigstellen lassen, er erkennt aber auch, daß das ganze Unternehmen viel zu groß und luxuriös ist.

P. Galli hat auch in Wien bei den Päpstlichen Missionswerken um Unterstützung angefragt. Was soll ich in Wien sagen? Sicherlich ist das ganze ein persönliches Problem von P. Galli. Aber in Österreich kämpfe ich gegen kirchliche Prunkbauten, und hier soll ich so einen Bau gutheißen und unterstützen? Nein! Das kommt nicht in Frage.

Armer P. Galli! Er ist ganz verzweifelt, weil ihm niemand mehr Geld für dieses Bildungshaus gibt. In seinen Augen lassen ihn alle hängen. Ich möchte ihn trösten können und sagen: Es ist nicht dein Werk. Wenn der Herr will, daß es gebaut wird, dann werden auch die Mittel zur Verfügung stehen.

Am Vormittag mache ich nochmals einen Besuch beim österreichischen Handelsdelegierten. Ich will nur in seinem Büro eine Stunde lang in österreichischen Zeitungen lesen. Ich war ganz schockiert, was da über die Angst vor AIDS geschrieben wird. Nachgewiesenermaßen erkranken hauptsächlich Menschen an AIDS, die ein widernatürliches Leben führen: Homosexuelle, Drogensüchtige... Samenbanken werden vielfach von Homosexuellen beliefert. Das ist alles so furchtbar pervers! Besonders, wenn man die Welt hier erlebt: Tausende Kinder verhungern, bettelnde Scharen von Frauen und Männern, mehr als eine Million Flüchtlinge nur im Sudan... darüber wird aber in den Medien der Ersten Welt nicht so ausführlich berichtet wie über AIDS.

Gegen Mittag gehe ich zum Hilton Hotel, um am Treffen des Rotary Club von Khartoum teilzunehmen. Man lädt mich auch gleich zum Lunch ein.

In diesem Club trifft sich sicherlich die High Society. Wahrscheinlich sind das sehr reiche und einflußreiche Männer, die sich über das Land und seine schwierige Lage Gedanken machen und die auch mithelfen, das Elend etwas zu lindern.

Heute wird das Polio-Programm des Rotary Club vorgestellt. Es ist dies ein weltweites Programm und hat das Ziel, innerhalb von 50 Jahren die Welt poliofrei zu machen.

Der Präsident des Clubs macht auf mich einen sehr guten Eindruck. Ich würde sagen, er ist vornehm. Als man mich ihm vorstellte, spricht er mich sofort in einem guten Deutsch an. Beim Lunch sitze ich neben seinem Sohn, der ein Chrombergwerk betreibt, am Tisch. An meiner anderen Seite sitzt ein Herr des Sudan Council of Volentary Agencies. Diese Organisation versucht alle internationalen Organisationen, die im Sudan arbeiten, zu koordinieren, was sicherlich nicht einfach ist. In Zusammenarbeit mit den Rotariern ließe sich hier im Sudan viel machen. Sie haben Verbindungen bis in die höchsten politischen Ebenen.

Nach dem Lunch werde ich höflich verabschiedet, und der Sohn des Präsidenten bringt mich mit seinem Mercedes nach Hause.

Das Hilton Hotel ist furchtbar vornehm. Es wohnen dort ein Heer von deutschen, französischen und amerikanischen Piloten, die den ganzen Tag mit Kleinflugzeugen Hilfsgüter in den Westen des Landes fliegen. Man spürt aber, daß sich diese Menschen als Elite vorkommen und bei ihrer Arbeit für die Ärmsten der Welt viel Geld verdienen.

Am Abend mache ich mit P. Galli einen kurzen Besuch beim päpstlichen Nuntius. Das Haus der Nuntiatur steht gleich neben dem neuen Bildungshaus. Im Inneren ist es sehr vornehm... aber ohne Leben!

Liebt einander, so wie ich euch geliebt habe. Es gibt keine größere Liebe, als wenn einer sein Leben für seine Freunde hingibt.

(Joh 15, 12–13)

Donnerstag, 19. September 1985

Mit meiner Verkühlung geht es etwas besser.

In der Früh feiere ich mit P. Galli die hl. Messe, so wie an den anderen Tagen. Es wird aber für lange Zeit die letzte für mich auf afrikanischem Boden sein.

Gestern wurde eine große Hoffnung auf Frieden im Land zerstört. Es waren Gespräche zwischen den bürgerkriegführenden Parteien geplant. Die Gespräche konnten nicht stattfinden, denn das Flugzeug eines Verhandlungspartners wurde beim Landeanflug beschossen. Das Flugzeug kehrte daraufhin um, und die Gespräche waren geplatzt.

Vormittags mache ich dann noch mit P. Galli in der Stadt ein paar Besorgungen. Dieser arme Alte ist wirklich vollkommen allein und isoliert. Die Folge ist aber, daß er voller Wut ist. Aber – Gott sei Dank – heute bekam er gute Nachricht: Morgen werden die von ihm sehnsüchtig erwarteten Monteure aus Italien eintreffen.

Im Büro des Bischofs liegen wieder zwei Briefe für mich: einer von Christl und einer von Marina. Es ist schön, daß mich so viele Menschen begleiten.

Wir besuchen das Haj Jusif-Spital, das von indischen Schwestern betreut wird. Die Ärzte sind aus dem Sudan. Das Spital ist sauber und übersichtlich. Es fehlen aber fast alle Medikamente.

Mein Aufenthalt im Sudan ist nun beendet. Was wird bleiben? Ich weiß eigentlich nicht, was ich antworten werde, wenn man mich zu Hause fragen wird: Wie war es? Oder, was sollen wir für den Sudan machen? Oder, was tun wir für die Dritte Welt?

Vielleicht könnte eine Antwort sein: Im Bewußtsein, daß wir nichts tun können, was sichtbare Erleichterung schafft, im Glauben, der alles verändert, alles tun, was wir können: spenden, einfach leben, die Menschen in den armen Ländern besuchen und eine Zeitlang mit ihnen leben, eine erhebliche Zeitspanne unseres Lebens den Armen schenken, für sie und mit ihnen ständig beten, es bewußt anschauen und aushalten, daß wir die Welt äußerlich nicht umgestalten können, unsere Hilflosigkeit und Ohnmacht annehmen...

Für mich heißt es aber jetzt: aus einem Traum in die Wirklichkeit zurückkehren, denn mein Leben findet woanders statt. Am Kalvarienberg in Pinkafeld in Österreich. Der Traum, den ich drei Wochen lang träumte, ist leider für Millionen von Menschen die tägliche Wirklichkeit.

Noch etwas wird in mir bleiben: Während dieser Tage im Sudan las ich Henri Nouwens Buch „Der dreifache Weg“. Das Buch und seine Gedanken waren mir treue Begleiter. Danke Henri für dieses Buch!

Meine Brüder und Schwestern, was nützt es, wenn einer sagt, er habe Glauben, aber es fehlen die Werke? Kann etwa der Glaube ihn retten? Wenn ein Bruder oder eine Schwester ohne Kleidung ist und ohne das tägliche Brot und einer von euch zu ihnen sagt: Geht in Frieden, wärmt und sättigt euch!, ihr gebt ihnen aber nicht, was sie zum Leben brauchen – was nützt das? So ist auch der Glaube für sich allein tot, wenn er nicht Werke vorzuweisen hat.

(Jak 2, 14–17)

Freitag, 20. September 1985

Ich sitze am Flugplatz von Khartoum, es ist 1.30 Uhr in der Früh. Ich warte, daß ich meine Lufthansa-Maschine, die mich nach Hause bringen soll, besteigen kann.

Ich weiß auch schon, warum alle großen Flugzeuge in der Nacht landen und starten. Durch die Hitze des Tages wird die Luft leichter und daher die Auftriebskräfte geringer. Das würde für die Flugzeuge bedeuten, daß sie weniger Gewicht an Bord nehmen können.

Gestern abend wollte ich noch schlafen. Ich konnte nicht einschlafen. So saß ich auf der Terrasse und schaute und hörte in eine afrikanische Nacht hinein.

Ich danke Dir, Herr, für das, was in den Tagen im Sudan in mich eingedrungen ist. Mach Du daraus, was Du willst. Vieles wird mir erst bewußt werden, wenn ich schon lange zurück sein werde. Ich lege es vor Dich hin, Herr. Danke für die vielen Gebete, die mich begleitet haben. Segne sie alle, Herr, die diesen Dienst an mir getan haben. Lob und Preis sei Dir in alle Ewigkeit. Dir gehört die Welt.